（大人の美容講座）

若く見られたければ、顔の下半分と首から下を鍛えなさい！

著者◉是枝伸子
監修◉ジェイク・リー、北村大也

朝日新聞出版

はじめに

顔の下半分を鍛えるだけでは顔の老化を止められないことを痛感した10年

こんにちは。歯科医でデンタル美顔プロデューサーの是枝伸子です。

歯科医はわかるけど、デンタル美顔プロデューサーって？　と思われたかたも少なくないと思います。聞き慣れない言葉ですよね。これは歯科医の立場から、若く美しく見える顔について長年研究してきた私が、独自のメソッドである「デンタル美顔」を確立し、施術する者として正しく指導したり、世の中に広めたりするために名乗り始めた肩書きです。ふだんは歯科クリニックで副院長として通常の歯科診療をする傍らデンタル美顔の施術も行い、それ以外ではプライベートサロンでデンタル美顔に特化した施術や指導、後進の育成、地方講演などを行っています。

デンタル美顔の特徴は次の４つであると考えています。

１．外科的なアプローチではなく、使っていない筋肉を鍛え、使いすぎの筋肉をゆるめることによりバランスをよくする。

２．無理なく続けられ正しく行うことにより、副作用が生まれにくい。

３．医学的、歯科的に専門知識に基づいたマッサージ・エクササイズを行い、なんとなくではなく、科学的に分析する。

４．左右対称に近づき、顔のバランスがよくなる。また効果を実感でき、自分参加型のため楽しく続けられる。

これらを具体的に紹介したのが２０１５年に出版した私の１冊目の本となる『美人に見られたければ顔の「下半分」を鍛えなさい！』（講談社）です。この本で紹介した顔の下半分美顔術（本書62ページ〜にも掲載）は、俳優・タレントのＭＥＧＵＭＩさんがご自身の著書『キレイはこれでつくれます』（ダイヤモンド社）で、実践したところ明らかに口まわりの変化を阻止できたと書かれたおかげで、とても注目を浴びました。MEGUMIさんの今のお顔がその効果を如実に表しているので説得力があるんですね。

でもみなさん、ここからが本題です。MEGUMIさんの本を読まれたかたならご存知だと思いますが、彼女は努力を惜しまない美容家でもある俳優です。実践しているのは顔の下半分美顔術ばかりではありません。頭のマッサージや肩甲骨をほぐすストレッチなどを自宅で行い、ジムやピラティスにも通っていらっしゃる。そうでなければ、あんなに美しいお顔をキープするのは芸能人のかたであっても、とても難しい。つまり、顔を若々しくキレイに見せるためには、顔のマッサージやエクササイズの美顔術をやっているだけでは、顔の老化は止められないということです。

『美人に見られたければ顔の「下半分」を鍛えなさい!』を出版してからの約10年、そのことを身をもって痛感しています。当時30代後半だった私は、顔の下半分美顔術だけをやっていれば、顔のハリがアップして口角が上がり、頬がリフトアップしてあごのたるみもなくなったものでした。だから『美人に見られたければ顔の「下半分」を鍛えなさい！』という本を書くことができたわけです。

そんな私も40代に突入、そして半ばも過ぎました。老化の坂は険しくなる一方。転げ落ちるのが早い早い。そして、気づきました……。

「30代と同じことをやっているのでは、ゼンゼン足りない！」

顔の下半分美顔術をやっているだけでは、効果がなかなか表れなくなった私は、かねてからチームを組んで活動していた整形外科医の北村大也先生と、プロレスラーでボディメイクトレーナーのジェイク・リーさんに相談。そこで行き着いたのが、首から下のトレーニングです。

顔をリフトアップして若々しく見せるのに、なぜカラダのトレーニング？と不思議に思うかたもいらっしゃるかもしれません。それをこの本でお話ししていこうと思います。

反り腰

ほうれい線がくっきり

スマホばかり見ている

歯を食いしばる

こんなに理由があります

口角が下がっている

姿勢が悪い

運動不足

歯の噛み合わせが悪い

歯の色が黄色い

鼻から唇までが長い

笑わない

ねこ背

顔が老けて見えるのには

歯ぐきの色が悪い

鼻の下の溝がぼんやりしている

巻き肩

表情が乏しい

老け顔に見える根源は ほうれい線の深さよりも 顔の下半分の長さにあり

私のサロンには幅広い年齢層の女性が訪れます。いらっしゃったかたにはまず、顔のどこが気になっているかをうかがうんですね。すると、90％ぐらいのかたから「ほうれい線」というワードが出てきます。

ほうれい線は年齢を重ねれば誰にでもできうるエイジングサインのひとつ。確かに、口の両脇に深く刻まれたあのラインが気になるのはとてもよくわかります。私だって、電車の窓に映った自分の顔を見たとき、くっきりと見えるほうれい線に気づいてドキッとすることがあるくらいです（笑）。

ただ、ほうれい線ばかりが老け顔に見せる悪の根源なのかと問われると、そうではないと思っています。前のページでも挙げていますが、姿勢の悪さから歯の噛み合わせの悪さ、食いしばり、加齢による皮膚と筋肉の衰えなどまで要因はたくさんあり、それらが少しずつ積み重なり、からみあって徐々に顔を老けさせています。みなさんには、まずそのことを知ってほしいのです。

私はほうれい線の深さよりも顔の下半分の長さと悪い姿勢のほうが、顔が老けて見えることに大きく関係していると考えています。そのことはｃｈａｐｔｅｒ１で詳しく説明しますが、加齢とともにたるんでのびた鼻の下からあごの下までの顔の下半分と、首が前に出たねこ背や下腹を突き出した姿勢は、一瞬で老けた印象を与えるのは確かです。

アイメイクをしっかりしていて、若々しく見える女性がマスクをはずしたとき、思っていた以上に高齢に見えて驚いた……という経験、コロナ禍にありませんでしたか？

コロナ禍のマスク生活とスマホの見過ぎで顔の老化がスピードアップ

筋肉は使わないでいると、驚くほどの速さで衰えていきます。よく病気やケガで長期入院したあと、筋力が弱くなって歩けなくなったり、高齢の人になるとそのまま寝たきりになったりしてしまうのはそのためです。

コロナ禍に始まったマスク生活が終わってから、「急に老けた感じがする」とサロンを訪れる人が急増しました。それもそのはずです。人との会話を控え、会話をしたとしてもマスクをしたままなので口は最小限にしか動かさない、無表情になりがち……と、顔の筋肉を使うことが極端に減ったから。使わない筋肉の筋力は低下し、顔の皮膚や脂肪を支えられなくなり、重力に負けて顔の下半分がたるんで長くなっていったのです。

そして、顔の老化にはスマートフォンも関係していると私は考えています。今では手放せないスマホですが、テレビやパソコンとは違う、首を前に出して背中を丸くした「手もとをのぞきこむ」という姿勢で見ることが問題です。顔の筋肉は首や背中の筋肉とつながっているため、このスマホ姿勢になると顔の筋肉が重力に引っ張られます。また、首の横から上部の肋骨までついている斜角筋と、上部の肋骨から肩の前面までついている小胸筋が縮こまってしまい、顔のたるみだけでなく、二重あごや首のシワの原因にもなるのです。

これらの理由で顔の老化のスピードが速くなっているように感じるわけですね。最近、20代のかたがサロンを訪れるのも珍しくなくなりました。ということは30代から上は……？　そうです、悩んでいる時間はありませんよ！　即実践あるのみです。

顔の下半分美顔術の精度を高めるために首から下を鍛えるのが有効

この10年で、顔の下半分を鍛えるだけでは顔の老化は止められないことを痛感したことは「はじめに」でお話ししました。

それに加え、コロナ禍を経ての老化のスピードアップ。もう顔の下半分のケアだけでは足りないので私の手だけではみなさんの老化を食い止めることができない！　と考え、10年ほど前からＰｒｏｊｅｃｔ Ｄｅｅというグループで医学・歯学・スポーツの多角的な視点から効果的なボディメイク法を研究してきた整形外科医の北村大也先生と、プロレスラーでボディメイクトレーナーのジェイク・リーさんと一緒に、首から下を鍛えるトレーニングを考えました。

スマホを見るときにねこ背になる人が多く、それが顔のたるみに大きく関係するという話をしましたね。ねこ背は背中が丸まっているというイメージだと思いますが、それはつまりカラダの前面の筋肉が縮こまっているということになります。それらの筋肉をゆるめるためのトレーニング、姿勢に大きく関係する肩甲骨と胸郭の動きをよくするトレーニングが中心です。

顔を支える筋肉はすべてつながっています。顔の下半分美顔術の精度を高めるためにも、首から下のトレーニングはとても重要。首から下にも意識を働かせる必要があるのです。

［是枝式］若く見られるためのセルフケア

＝

顔の下半分と首から下を鍛える

chapter 2

是枝伸子が教える

顔の下半分美顔術

顔の下半分のマッサージとエクササイズ

chapter 3&4

ジェイク・リーが教える

全身の筋力アップにつながる腕立て伏せとスクワットのやり方

首から下のトレーニング

若見えのもとをつくる基本のポーズから首と背中の筋肉をのばすストレッチまで11種類

CONTENTS

chapter 1

老け顔の仕組み

chapter 2

顔の下半分美顔術

chapter 3

鍛える前に全身の筋力アップにつながる腕立て伏せとスクワット

chapter 4

若く見えるための首から下のトレーニング

chapter 5

是枝式最新顔診断

動画の見方

chapter 2	顔の下半分美顔術	p.62 - p.77
chapter 3	鍛える前に全身の筋力アップにつながる腕立て伏せとスクワット	p.82 - p.88
chapter 4	若く見えるための首から下のトレーニング	p.90 - p.111

上記ページは動画で実際の動きを確認することができます。本書の解説とあわせて、リアルな動きや動作のスピードなどを確認しながら、一緒にやってみてください。ただ、本書と異なる動きが若干ありますが間違いではありません。やりやすいほうでやってOKです。

❶ 二次元コード認証アプリを立ち上げ、二次元コードを読み取ります。

❷ リンク先の動画を再生し、視聴します。

※動画は、予告なく変更および中止する場合があります。あらかじめご了承ください。
※機種によって動画が再生できないこともあります。

3人の専門家が
それぞれの立場から
トレーニングについて語る

歯科医
是枝伸子 × 整形外科医 **北村大也** × プロレスラー、ボディメイクトレーナー **ジェイク・リー**

ドローインがすべての基本。
感覚をカラダに染み込ませることが大事

正しい姿勢をとるための筋トレ

是枝　今回の本は「顔の下半分」に加えて、「首から下」も鍛えることがテーマです。じつは当初は「首」を鍛えるのをテーマにしようと思っていたんです。首は顔に直につながっている部分ですからね。

北村　首っていうと、みなさんはきっとあごの下から鎖骨の上くらいまでを想像すると思いますが、私たちがいつも言っている首はもっと範囲が広いんですね。肩まわりも含む、女性はデコルテと呼ぶことが多いのかな。

ジェイク　斜角筋、胸鎖乳突筋、僧帽筋、小胸筋など、たくさんの筋肉が顔の下半分からつながっていますよね。北村先生に教えてもらった受け売りですが(笑)。

是枝　そういった顔につながる、私たちで言う「範囲の広い首」を鍛えるトレーニングを3人で考えていたのですが、姿勢の話になったときがあって、そこから一気に「首から下」というワードがキーになりました。

北村　姿勢の悪い人は背中がのびている。つまり、背中の筋肉が弱い。だから肩や肩甲骨あたりが動かなくて背中が丸まり、ねこ背になる。

是枝　ねこ背は後ろが丸まっているイ

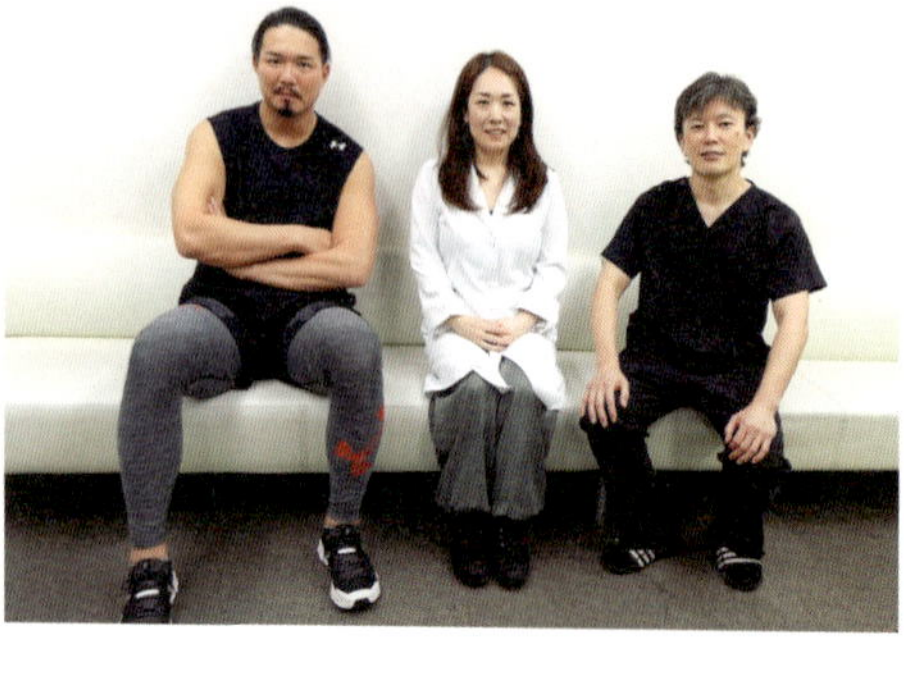

左からジェイク・リーさん、是枝伸子、北村大也先生

メージですが、じつはカラダの前面の筋肉が縮こまっているということでもあります。

北村　まさにそう。だからそれをゆるめることが必要になります。そこで注目するのが首の横から第1・2肋骨のところまでついている斜角筋と、大胸筋の下にある小胸筋という筋肉。斜角筋が縮こまると首が前に出てしまいます。小胸筋は肩甲骨を内側に引き下げる働きがあり、肩甲骨と肋骨を結ぶ筋肉です。小胸筋が縮こまると肩が前に出てねこ背になります。

ジェイク　肩甲骨の動きもねこ背に大きく影響するんですよね。

北村　加えて、ねこ背の人のなかにはお腹が前に突き出ていて、骨盤は後ろに傾いた状態になっている人もいます。骨盤は本来、後傾しているのも前傾しているのもよくありません。骨盤が後傾してしまうのは体幹を支える筋肉が弱いからです。

是枝　つまりは、姿勢が悪くなると顔につながる首まわりの筋肉がかたくなり、顔の筋肉も引っ張られて、顔の下半分がたるんで長くなってしまう。そして、姿勢には体幹も大いに関係してくるので、体幹もしっかり鍛えなくてはいけないと。だから、首だけではなく、首から下のトレーニングが必要、ということになったのですが、みなさん、わかっていただけましたか。

ふだんの生活でドローインしているのが理想

ジェイク　今回、私は11タイプのトレーニングを提案しました。

北村　最初にやる仰向けで腰を床に押しつける、「若見えのもとをつくる基本のポーズ」は、トレーニングすべてにおいて非常に重要な、いわゆる体幹トレーニングです。とにかくこれをマスターしないことには、トレーニングはうまくできていないと思ってください。

ジェイク　これを私たちは「ドローイン」と呼んでいます。体幹強化のためには欠かせません。

北村　これをふだんの暮らしのなかで

自然とできるようになってほしいんです。

是枝　先生、そのハードル、結構高いですよ(笑)。

北村　でも、これがふだんからできるようになると、背すじがピンとのび、胸元が広がっていい姿勢をとれるようになる。ねこ背が改善され、カラダの軸が安定します。

是枝　ちょっと、私、やってみますね。下腹部に力を入れてへこませ、お尻を軽く締める。これで合っていますか？

北村　バッチリです。その感覚をとにかく「意識」してください。意識することでクセづいていきますから。コツなんてないんです。とにかく感覚を意識すること！　コレに尽きます。

ジェイク　私もボディメイクのレッスンに来た人には同じことを言っています。でも、ドローイン自体、うまくできているかわからないと言うかたもいたりして……。

北村　そんなふうに自分でうまくできていないことに気づけるのはとても重要です。間違ったやり方では効果が上がりませんから。ドローインしているときの自分の姿を鏡で見てみればわかります。背すじがスッとのびていればまず大丈夫。よくバレエのレッスンなどで、頭頂部を吊られている感じに、という表現をしますよね。まさにあの立ち姿です。トレーニングにおいても、自分の姿を動画で撮って、見ることをおすすめします。

是枝　家族や友達に撮ってもらうのでもいいですし、撮ってもらうのはちょっと恥ずかしいという人なら、三脚を立てたり、自分のトレーニング姿がしっかり見える位置にスマホを置くなどすればいいですね。自撮りの方法は、きっと読者のみなさんのほうが詳しいとは思いますが……（笑）。

北村　自分ではできていると思っていたポーズでも、意外と違っていることが見えてくると思います。

chapter 1

老け顔の仕組み

ほうれい線やたるみを気にする前に歯の治療を途中でやめたりしていませんか？

私の本職は歯科医です。人と話をしていると、自然と歯の話になることが多いのですが、世の中には歯の治療を途中でストップしてしまっていたり（仕事が忙しくなって通院できなくなったなど、理由はさまざまあるようですが）、歯に痛みや不具合があってもなかなか歯科クリニックに行かない人がいたりして、驚いてしまいます。

通院していた人は、歯に痛みや異変が起きたから歯科に行ったはず。その治療が途中だと、その部分を使わないよう片側ばかりを使って噛むことになったり、噛み合わせが悪くなったり、食いしばりに発展したりすることも。歯の使い方の偏りや歯の食いしばりは、口のまわりの筋肉が左右均等にうまく使われないので、顔がこるようになってきます。そして、顔の筋肉の機能が落ちるので、頬がたれたり、ほうれい線が深くなったりする一因となるなど、顔の老化に拍車をかけることになります。

歯周病にも気をつけないといけません。歯周病は40歳以上の日本人の8割にあてはまるといわれ、歯と歯ぐきの隙間の歯周ポケットで歯周病菌が増殖して起こるもの。歯ぐきに腫れや出血が起きて、やがて歯を支えている骨が吸収されて歯が抜けるという恐ろしい病気で、歯をぐらつかせて、噛み合わせを悪くしたり、口臭の原因になったりもします。自覚がなくじわじわと進行していくのが特徴です。しかもこの歯周病は女性ホルモンが大好物。閉経後は骨粗しょう症なども関与して歯周病のリスクが高まります。歯周病は歯磨きで予防できるので、ていねいな歯磨きを心がけてください。殺菌や抗炎症成分入りの歯磨き剤も使用するとよいでしょう。

とにかく、歯の治療を途中でストップしているなんてもってのほか。私が提案する美顔術をする前に、まずは通院を再開してください。そして、半年に1回は歯科の検診を受け、歯周病のチェックもしてもらいましょう。

黄色く変色した歯で顔の印象がダウン
白い歯が顔を若々しく見せる

笑ったときにちらりと見えるキレイな白い歯は若さの象徴です。その昔、「芸能人は歯が命」というCMが話題になりましたが、一般人もやっぱり歯が命！

ただ、どんなに気をつけていても、加齢によって歯は黄ばんでくることがあります。原因のひとつはステイン（着色汚れ）。食べ物や飲み物などの色素が歯のエナメル質表面の膜と結びつき、ステインとなって歯に付着します。とくにコーヒーや紅茶、赤ワインは色素沈着しやすい飲み物。コーヒーや紅茶を毎日何杯も飲む習慣のある人は、飲んだあとに水を飲んで色素を洗い流すようにしましょう。赤ワインを飲むときは、水と交互に飲むと歯に色素がつくのを防ぐことができます。ほかに、カレー粉やケチャップなどの調味料に含まれる着色料もステインのもとに。食後すぐに歯磨きをすれば、歯に着色しにくくなり、虫歯予防にもなります。すぐに歯磨きができない場合は、ティッシュなどで歯をぬぐったり、口をゆすいだりするのでもOKです。

このようにセルフケアをしていても歯の黄ばみが気になる場合は、クリニックで歯の表面にこびりついた着色汚れや歯垢、歯石を効率よく落とすクリーニング、PMTC（プロフェッショナル・メカニカル・トゥース・クリーニング）を受けましょう。目安は半年に1回です。PMTCでリセットした自分の歯本来の色をさらに明るくするのがホワイトニング。クリニック、自宅とそれぞれでできるタイプがあり、どちらにもメリット、デメリットがあります。調べてみて、自分に合っているほうを選んでください。

歯の白さとあわせて、歯ぐきの色も大切です。健康な歯ぐきは引き締まり、薄いピンク色をしています。キレイなピンク色をした歯ぐきは清潔な印象を与え、逆に、黒ずんだり紫がかったりしている歯ぐきは、不健康で老けて見える原因に。歯ぐきもしっかりとブラッシングしてください。また、歯周病も歯ぐきの色を悪くします。31ページでも紹介しましたが、殺菌や抗炎症成分入りの歯磨き剤がおすすめです。

見た目年齢は、シワやたるみよりも顔の下半分の長さによって決まる

加齢とともに人は老けて見えるようになります。ただ、浦島太郎のように一瞬にして老けるわけではなく少しずつ変化していくので、鏡で毎日見ている分には気づかないことが多いものです。久しぶりに会う同級生なんかも「まったく変わらないよね〜」なんて言ってくれるもんですから、お世辞半分と受け止めても自分はそんなに変わっていないのではないか、と錯覚を起こしちゃったりして。でも、なにかの拍子に10年前の自分の写真を見て、ぼうぜんとするわけです。顔のパーツはまったく同じなのに、確実に老化していると……。

ただ、年齢よりも若く見える人もいれば、老けて見える人もいます。「見た目年齢」はどのようにして決まるのか。おでこや目尻のシワ、ほうれい線やマリオ

ネットライン(口の両端からあごにかけてのびるシワ)、タプタプの二重あご、カサカサの肌や目立つシミ……。これらは俗に言う老化のサインではありますが、本当にこれらが見た目年齢を支配しているのか腑に落ちない私は、歯科医の立場から顔の骨格と顔筋について、女優、タレントから一般人までの写真を分析し、数千人に及ぶ女性の顔を徹底的に調べました。

その結果、加齢で見た目が変わってしまうのは、シワやたるみ、肌の状態などだけではないことに気づいたのです。老けて見える人は、鼻の下からあごまでが長く、さらに鼻の下から口までのラインも長い傾向にありました。そして、年齢とともに顔の筋力が弱くなることで、鼻から口まで、もしくは鼻からあごまでの距離「顔の下半分」が微妙にのびて顔のバランスが崩れていたのです。

フェイシャルプロポーションとリッププロポーションという概念

顔の見た目年齢を大きく支配するのが「顔の下半分」と発見した私は、「フェイシャルプロポーション＝FP」と「リッププロポーション＝LP」という顔の新しい基準を考えました。簡単にいうと、FPは顔の上半分と下半分の長さの割合で、LPは顔の下半分と鼻の下から口のラインまでの長さの割合のことです。顔の下半分と上半分がほぼ同じ長さ、または顔の下半分のほうが少し短いこと。さらに、鼻の下から口の中心のラインまでの長さが、顔の下半分の長さの3分の1程度だと美人で若く見えるバランスなのです。鼻の下が長すぎると間が抜けたような顔になりませんか？　鼻の下の長さは意外と大事なんです。

ただ、このバランスからはずれていたとして大丈夫！　顔のエクササイズでバランスは変えられます。

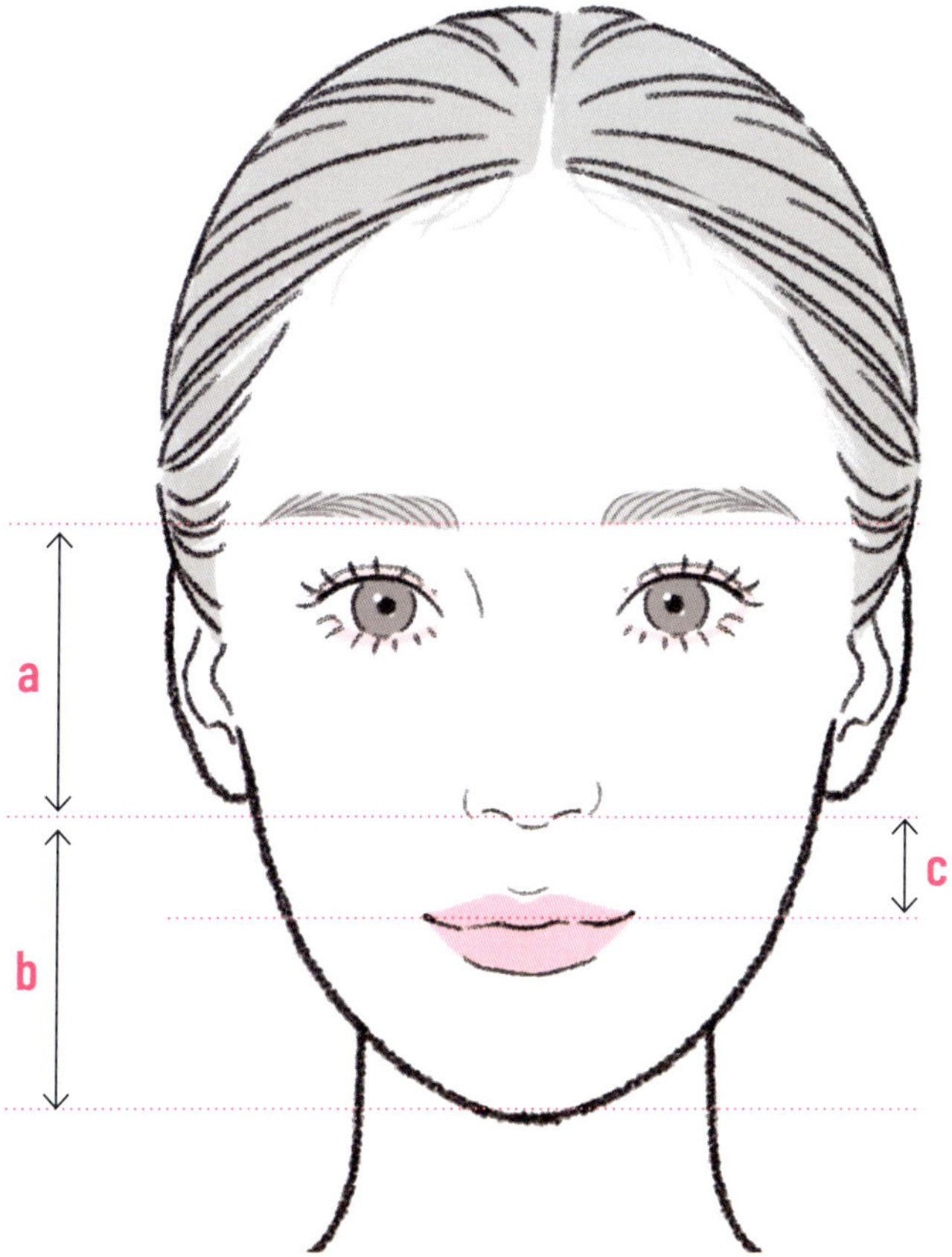

リップ
プロポーション
LP

［顔の下半分の長さ b］÷［鼻の下から口のラインまでの長さ c］

- 美人で若々しく見えるバランスは2.80 ～3
- 3より大きい場合は鼻の下の長さが短め
- 3より小さい場合は鼻の下の長さが長め

フェイシャル
プロポーション
FP

［顔の下半分の長さ b］÷［顔の上半分の長さ a］

- 美人で若々しく見えるバランスは0.85 ～1
- 0.95より大きい場合は顔の下半分が長め
- 0.95より小さい場合は顔の下半分が短め

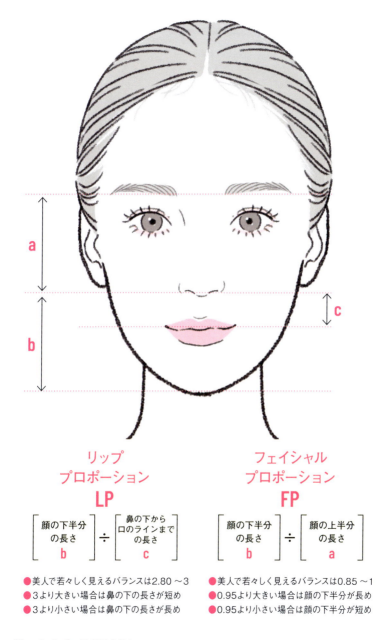

口の位置が少し下がっただけで顔は老けて見えるようになる

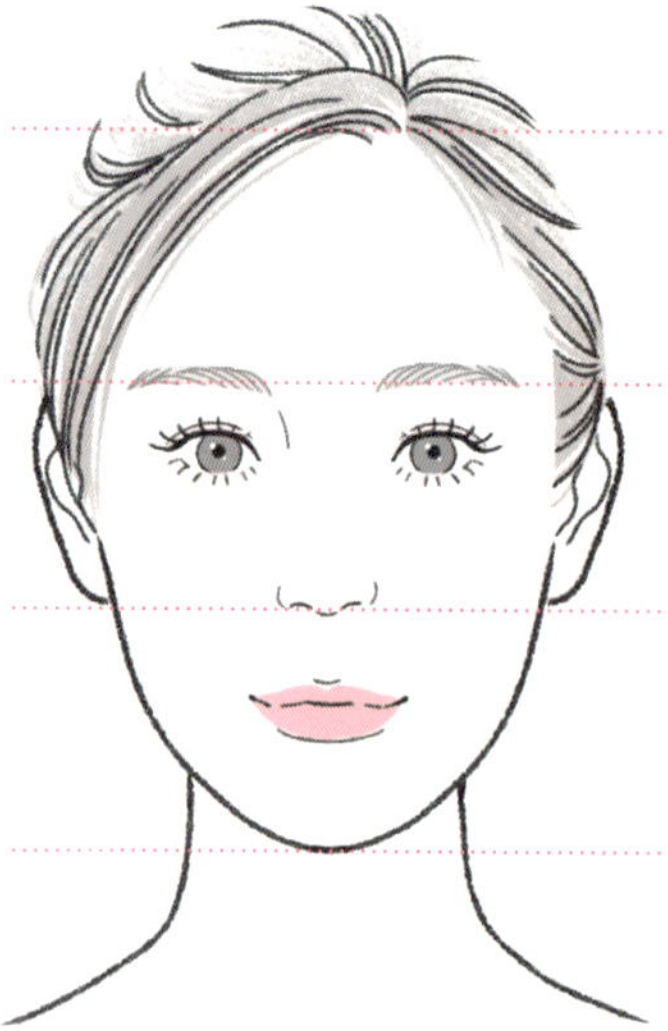

顔の下半分の微妙なバランスの差で印象は変わる

上のイラスト3点を見てください。どの人が一番若く見えますか？

多くの人が左の人を挙げるのではないでしょうか。イラストの鼻から下を手で隠してみるとわかるのですが、目、鼻の形と位置、輪郭、ヘアスタイルはまったく同じ。違うのは顔の下半分の長さと鼻の下の長さです。

右にいくにしたがって、顔の下半分が長く、鼻の下から上唇までの距離が長く

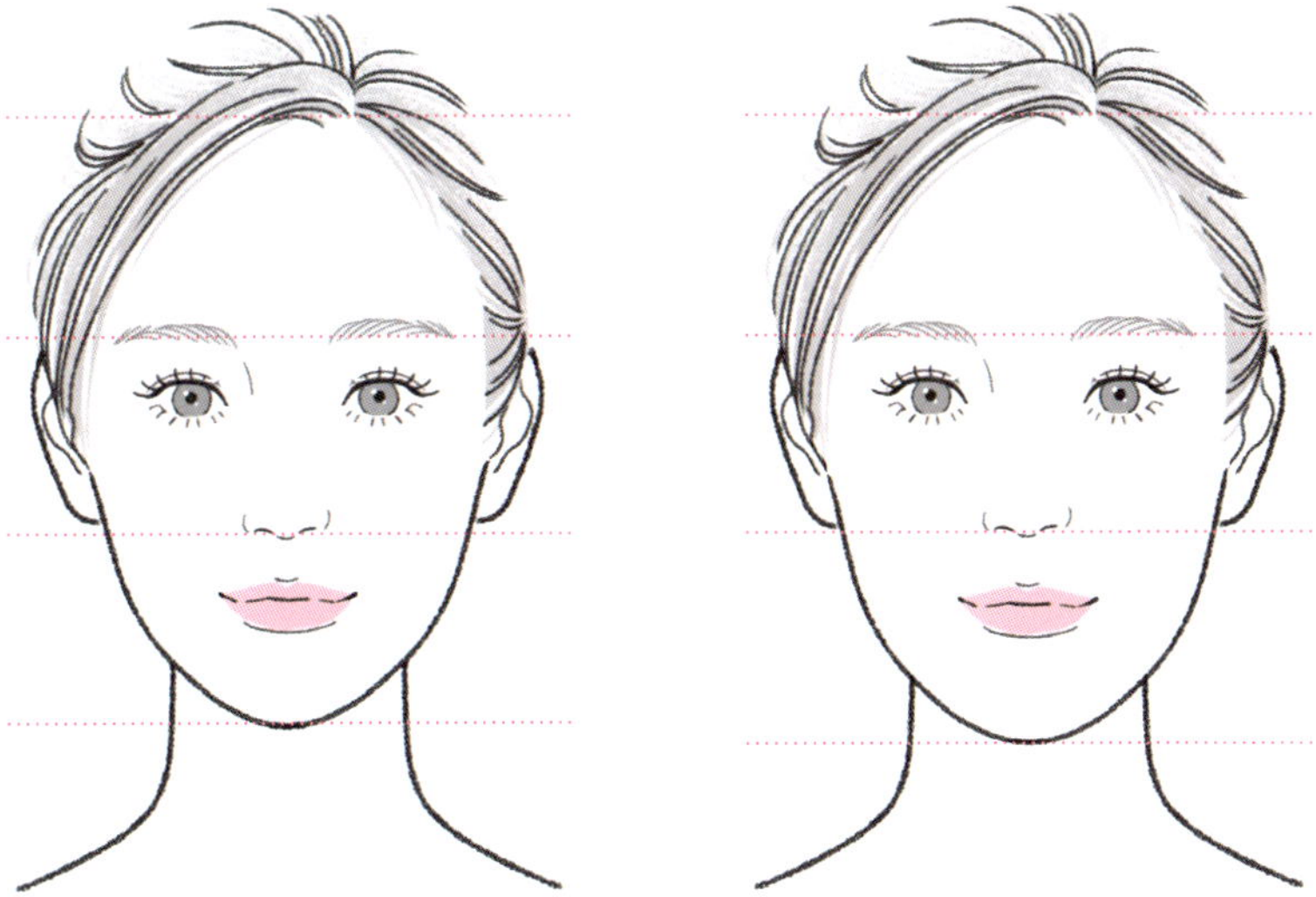

なっています。顔の下半分と鼻の下がわずかに長いだけで、アンバランスで老けた顔に見えます。右にいくにしたがって顔が大きく見えるという意見もあり（顔の大きさは真ん中と右はまったく同じです）、顔の下半分の長さと鼻の下の長さは顔の大きさの印象にもかかわると感じているところです。

そういえば、加齢とともに顔が大きくなるという話を聞いたことがありませんか？ やっぱり関係あるのかもしれません。

顔の筋肉の衰えも顔の下半分が長くなってしまう要因のひとつになる

ここまで、顔の下半分が長くなると老けて見えるという話をしてきました。ではなぜ、顔の下半分が長くなってしまうのか、ここではそれについてお話しします。

顔の皮膚の下にはさまざまな筋肉があります（59ページ参照）。その数およそ50種類。そのうち、喜怒哀楽などの多様な表情をつくり出すために必要な筋肉群である表情筋はおよそ30種類ほどといわれています。前頭筋、頬筋、上唇挙筋、咬筋、口輪筋などさまざまな筋肉が相互に作用して人間の複雑な表情をつくり出しています。筋肉というと胸部の大胸筋や太もものハムストリングなど太くて厚みのあるものを思い浮かべるかもしれませんが、表情筋はとにかく薄い。これらが皮膚の下を縦横無尽に走り、顔を支える土台となっています。そして種類が多いわりに量は少なく、顔の筋肉量は人間のカラダ全体の筋肉のたった1％前後といわれています。

顔の筋肉もカラダの筋肉同様にふだんからしっかり動かさないと年齢とともに徐々に衰えていきます。たとえば食事の際に左右どちらかで偏って噛んだりすると骨格筋の左右差が著しくなったり、ふだんから無表情でいたりすると表情筋の衰えが加速します。顔の筋力が低下すれば顔の皮膚や脂肪を支える力も弱くなり、顔の下半分がどんどん長くなってしまう原因のひとつとなるというわけです。

動かさないと衰えるわけですから、逆をいえば、動かすと若返るということになります。たとえば、衰えた唇のまわりの筋肉を鍛えることで、鼻の下の長さを短くすることができるし、たるんだ頬やあごまわりの筋肉が引き締まると顔の下半分が短くなるのです。

スマホやパソコンを見るときの姿勢の悪さが顔の下半分の長さを助長する

電車の中で暇つぶしにスマホを見るのは普通のことだと思います。おそらくほとんどの人は無意識にスマホを見ているだろうと思います。ここでよく聞いてください。その暇つぶしや無意識の行動が、顔の下半分を長くする要因のひとつでもあるのです。

スマホを見るときの首をにょきっと出した独特なうつむき姿勢により、首や肩には大きな負担がかかります。その周辺の筋肉はかたく縮んで萎縮した状態に。首や肩まわりの筋肉は顔の筋肉とつながっていますから、引っ張られて顔の下半分がのびることに一役買ってしまいます。パソコンに向かうときの、骨盤が後傾し、背中が丸まったエビのような姿勢もしかり。スマホとパソコンに罪はありません。問題はあなたの姿勢です。

うっかりやっていませんか？ 顔の下半分を長くする悪習慣

日常生活のクセが、顔の下半分を長くし、老けた顔にしてしまいます。とくに次の5項目は要注意です。うっかりやっていたら、すぐに改善しましょう。

1 不機嫌そうな顔をしている

いつも機嫌の悪そうな顔をしていると口角が下がり、顔の下半分が長くなってしまう。笑顔は頬の筋肉を上げてくれます。いつでもスマイルを！

2 表情が乏しい

表情が乏しいということは、顔の筋肉が使われていないということ。クルクルと表情が変わるのは魅力的でもあるので、意識して表情を変えるようにしましょう。

3 スマホを見る時間が長い

下を向いてスマホを見ていると、顔の筋肉が下にたれ、首にシワが寄ります。
これを続けていれば、顔の下半分が長くなってしまいます。

4 歯を食いしばってしまう

食いしばりや歯ぎしりのクセがあると、噛み合わせ部分の頬の筋肉がかたくなり、
エラが張って見えるように。顔も大きく見えるので、意識して力を抜きましょう。

5 歯の使い方が偏る

左右の歯を同じくらいの頻度で使わないと、
顔のバランスが左右で崩れてゆがむことがあります。

1つでもあてはまったら、やらないように意識しましょう。
日々の積み重ねが若々しい顔をつくります。

顔を老けさせない正しい姿勢とは

スマホやパソコンを見ることで悪くなる姿勢。放置しておくと、顔の老化を加速させることをお話ししましたが、カラダが動かしづらくなり、さまざまな不調やトラブルも招くことになります。

そもそも「正しい姿勢」とは、どういう状態を指すのでしょうか？

左ページのイラストをご覧ください。正しい姿勢の基本は、首と骨盤を立てること。座っているときは耳、肩、腰の3カ所を結んだ線が一直線に、立っているときは耳、肩、腰に加えて、ひざ、くるぶしの5カ所がまっすぐなラインになる状態です。この姿勢をクセづけるには、背すじをしっかりとのばし、下腹部に力を入れてお腹を引っ込めることが大切。意識して続けましょう。「気づいたら意識は下腹部へ」が合言葉です。

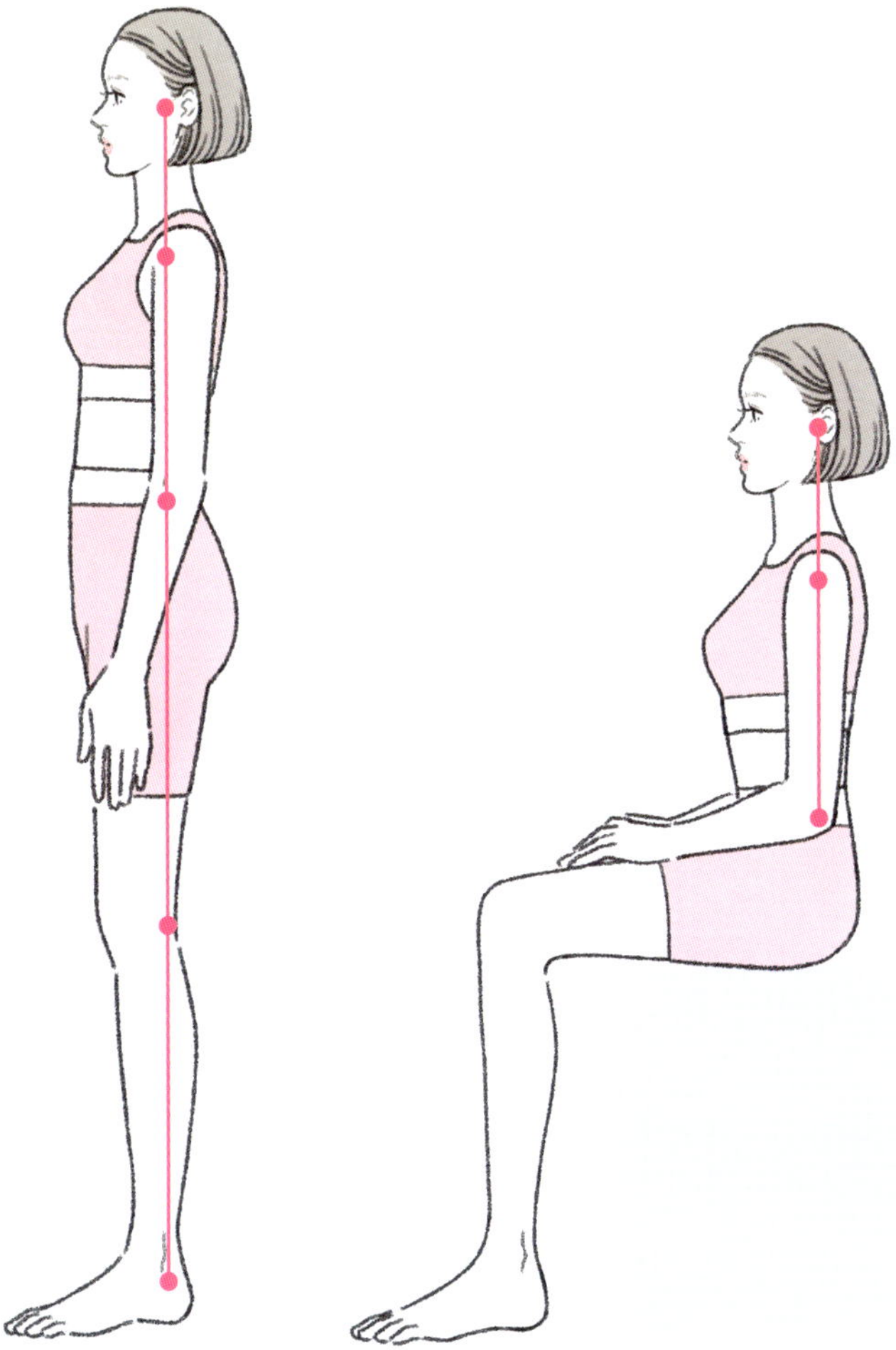

加齢とともに筋肉量が減っていき
50代半ばから急降下

50代こそ自分のカラダを見つめ直し、立て直すのにいい年代です。

左ページのグラフを見てもわかるように、筋肉の量は女性の場合、40代から低下して50代半ばから大きく低下し始め、とくに体幹部が落ちやすくなります。体幹部はカラダを支える役割があるため、筋肉量が減れば必然的に姿勢が崩れてしまいます。姿勢が崩れれば、顔の下半分も長くなって老けて見えると、老化のスパイラルに突入。

50代は女性にとってカラダが大きく変化するときです。閉経を迎えることによって女性ホルモンのエストロゲンがほとんど分泌されなくなり、体内のバランスが大きく崩れます。そして更年期によるさまざまな症状が現れます。そのひとつが筋肉量の低下なのです。

女性の加齢にともなう筋肉量の推移

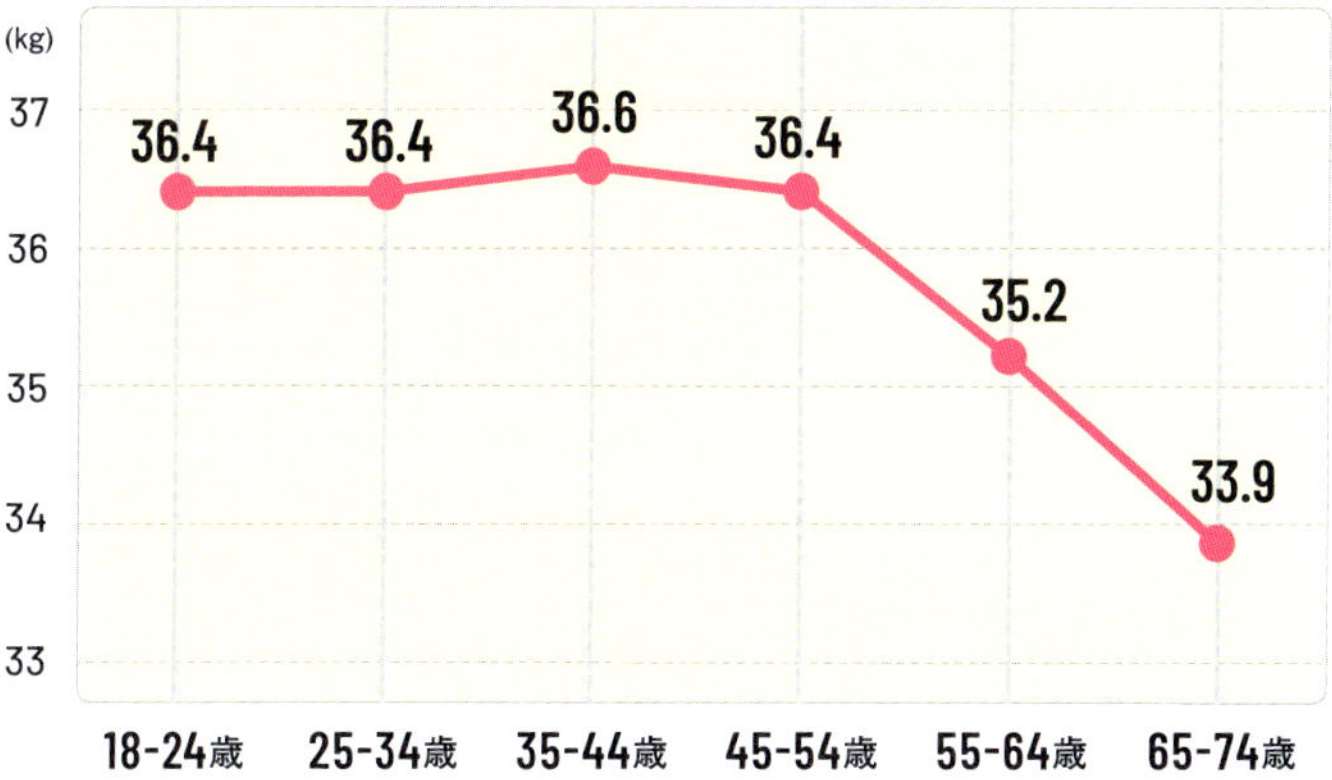

グラフ参考：老年医学会「日本人筋肉量の加齢による特徴」

この筋肉量の低下には、もちろん「顔」も含まれています。40〜41ページでお話ししましたが、顔についている筋肉は種類は多いのですが、量はわずかです。もともと少ない筋肉量が加齢によって減ってしまうとなれば、なんとかして減るのを阻止しないといけません。その対策がchapter2のマッサージとエクササイズになります。

ただ、40代の私が顔のマッサージとエクササイズだけでは、押し寄せる老化の波に太刀打ちできなくなってきたことはお話ししましたね。そうです、あわせてカラダの筋肉も鍛えていかないといけないのです。

筋肉は注射や手術ではつくれないが鍛えれば増やせる！

日本ではまだ当たり前になっているわけではないと思いますが、サロンにいらっしゃるかたのなかからちらほらと「ハイフ経験済み」「糸リフトやりました」「コラーゲンやヒアルロン酸を注入しました」「ボトックスを定期的にやっています」「眼瞼下垂《がんけんかすい》の治療込みで目の整形をしました」「脂肪溶解注射をしました」などという声を聞くようになりました。

美容医療はメリットとデメリットをしっかり理解して行う分には、本人の自由だと思っています。責任は自分にあります。顔やカラダが変わることで自分に自信がもてるようになることもあるでしょう。一度しかない人生、楽しく充実したものにするのは自分しだいですから。

問題はそれに頼り切ってしまうこと。それがなければハッピーではないと思い込み、常習化して何度リトライしても満足できなくなることもあるのかな、と思っています。

美容専門のドクターに聞いてみたところ、「ここまでとストップをかけるのも医師の仕事」とおっしゃっていました。こういう先生ならば信頼できて任せられるように思います。


キュッと上げたり、ピンとのばしたり……それはもういろいろなことができる医療の世界ですが、整形した顔が永遠に持続するわけではないし、定期的なメンテナンスが不可欠です。もちろん、莫大な費用がかかります。だったら、顔やカラダの筋肉を鍛えて、自然で健康的な若見えする顔をつくっていくほうが、人生100年時代を生きる私たちに合っているんじゃないかなぁと考えています。

筋肉は注射や手術ではつくることができません（傷ついた筋繊維を修復させやすくする、などはある）。しかし、鍛えれば確実に増やせます。トレーニングあるのみです！

顔の下半分と首から下を鍛えるのが究極のアンチエイジング

カラダの筋肉はジムで一生懸命鍛えるのに、顔の筋肉はなぜトレーニングしないのかとずっと思っていました。顔の筋トレも歯磨きと同じように毎日行ってほしいのです。

ただ、顔の筋肉量は非常に少ないです。20代であれば、顔の筋肉も少ないなりに鍛えられて効果を発揮しますが、筋肉量が落ち始める40代半ばからはなかなかそうはいきません。顔の少量の筋肉に働きかけるだけでは足りないので、そこからつながっている首から下の筋肉も鍛えることが顔の若見えに結びつきます。筋肉の量は加齢とともに減っていくものですが、何歳であっても増やすことができるのです。

顔の筋肉が衰えると、血液を押し出すポンプ機能が衰え、血流が悪化します。肌の新陳代謝が悪くなり、顔色がくすんだり、むくんだりする原因にも。顔の筋トレはくすみやむくみなどのトラブル改善にも役立ちます。

首から下のトレーニングは体幹を強化し、姿勢がよくなります。背すじがのびて若々しく美しい印象になるだけでなく、肩こりや腰痛、頭痛といったカラダの不調が治る場合も多いです。

ただ、50代になると、若いころに比べて筋肉量の増加や疲労の回復にも時間がかかります。もう何年も運動をしていない人や、まだ筋肉が鍛えられていない最初のうちは、とくに大変になると思います。「全部をやろう」とがんばりすぎないでください。筋トレは長期的・継続的に行うことが大切です。毎日全部をやって数日でやめてしまうよりも、自分の体調や気分と相談しながら続けるようにしましょう。

魅力的な笑顔をつくるのが老け顔から抜け出す手助けに

歯科の世界では、笑顔の印象に影響を与える要素に「スマイルライン」と「リップライン」があるといわれています。この2つのラインがキレイだと、魅力的な笑顔になって若々しく見えるものです。

口角を上げて笑顔になったときに見える、上の歯の下端を結んだラインがスマイルライン、上唇の下端のラインをリップラインといいます。

美しいスマイルラインは、上の歯の下端が下唇にそってゆるやかなカーブを描いている状態。下の歯が見えてしまうと老けた印象を与えてしまうので注意しましょう。リップラインは、上唇の下のラインが上の歯の付け根にそっていることが理想。笑ったときに、上の歯ぐきが見えないよう、もしくは1～2㎜見えるくらいにキープしましょう。

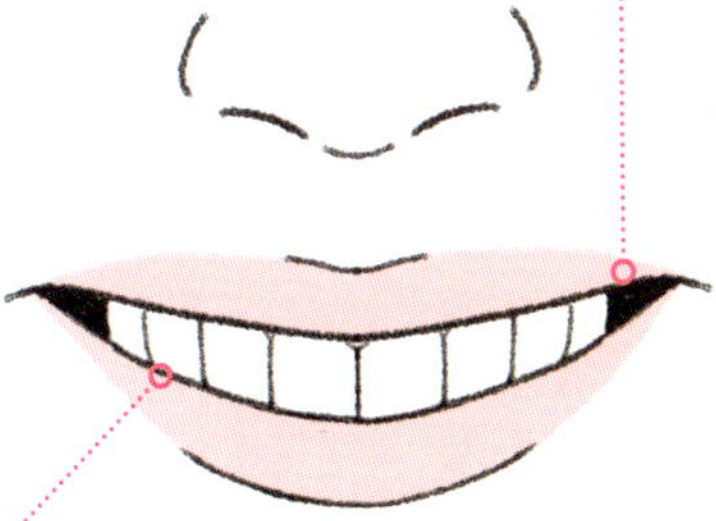
リップライン
上唇の下のラインが上の歯の付け根にそって、上の歯ぐきがほとんど見えないのが理想。
スマイルライン
上の歯の下端が下唇にそってゆるやかなカーブを描いている。真ん中の歯が微妙に2番目よりも長い状態で、犬歯は2番目の歯とほとんど同じ長さが理想。ちなみに、すべての歯の長さが同じ場合をフラットスマイルライン、犬歯よりも真ん中の歯が短い場合をリバーススマイルラインといい、美しくなくて老けて見えてしまう。

笑ったときに歯ぐきが大きく見える状態のことを「ガミースマイル」といいますが、これは美しい笑顔とは言い難いもの。上も下も歯ぐきが見えず、上の歯が8本見えるのがもっとも美しい笑顔といわれています。

美しいスマイルラインとリップラインにするには、顔の筋力が必要です。chapter2の顔の下半分美顔術で鍛えてください。

口元に自信がもて、笑顔が変わる！
歯列矯正後の見た目の変化は整形手術レベル

美しいスマイルラインとリップラインで魅力的な笑顔ができたのに、口元から見える白い歯の並びが悪いと、かなり残念な感じになってしまいます。

歯列矯正は大人のたしなみ……はちょっと言いすぎかもしれませんが、医学の進歩で矯正の種類が増え、大人になってからでも気軽にできるようになっています。私のクリニックに来る患者さんでも40～50代で矯正を始める人も珍しくありません。

私自身、矯正によって口元に自信をもてるようになりました。矯正をすると歯並びや噛み合わせが変わるのでフェイスラインやあごの位置が変わる、笑顔が変わるなど、見た目の変化は整形手術並。そして、見た目が美しくなるだけでなく、歯磨きがしやすくなって清潔感もはるかにアップします。

chapter 2

顔の下半分美顔術

動画をCHECK!

美顔術1 ～ 9を通して
見ることができます。

顔の筋肉をマッサージでほぐし、エクササイズで鍛える顔の下半分美顔術

ｃｈａｐｔｅｒ１で、顔の下半分が長くなると老けて見えるというお話をしました。若々しい顔は、鼻の下の長さが短く、鼻の下中央にできる溝はくっきり、上唇はふっくらとしています。この章ではそんな顔を取り戻すために私が考案した顔の下半分美顔術を紹介していきます。

顔の下半分には左ページのような筋肉がついています。ただ、その量は非常にわずかです。それでも、ついている筋肉は鍛えられます。これはいわば顔の筋トレです。しっかりトレーニングできていれば、顔が筋肉痛にもなります。最初はなかなか思いどおりに顔の筋肉を動かせないかもしれませんが、毎日やっていると、ある日突然、きちんとできる日が必ずきます。諦めないで、少しでもいいので毎日続けて、習慣にしてください。

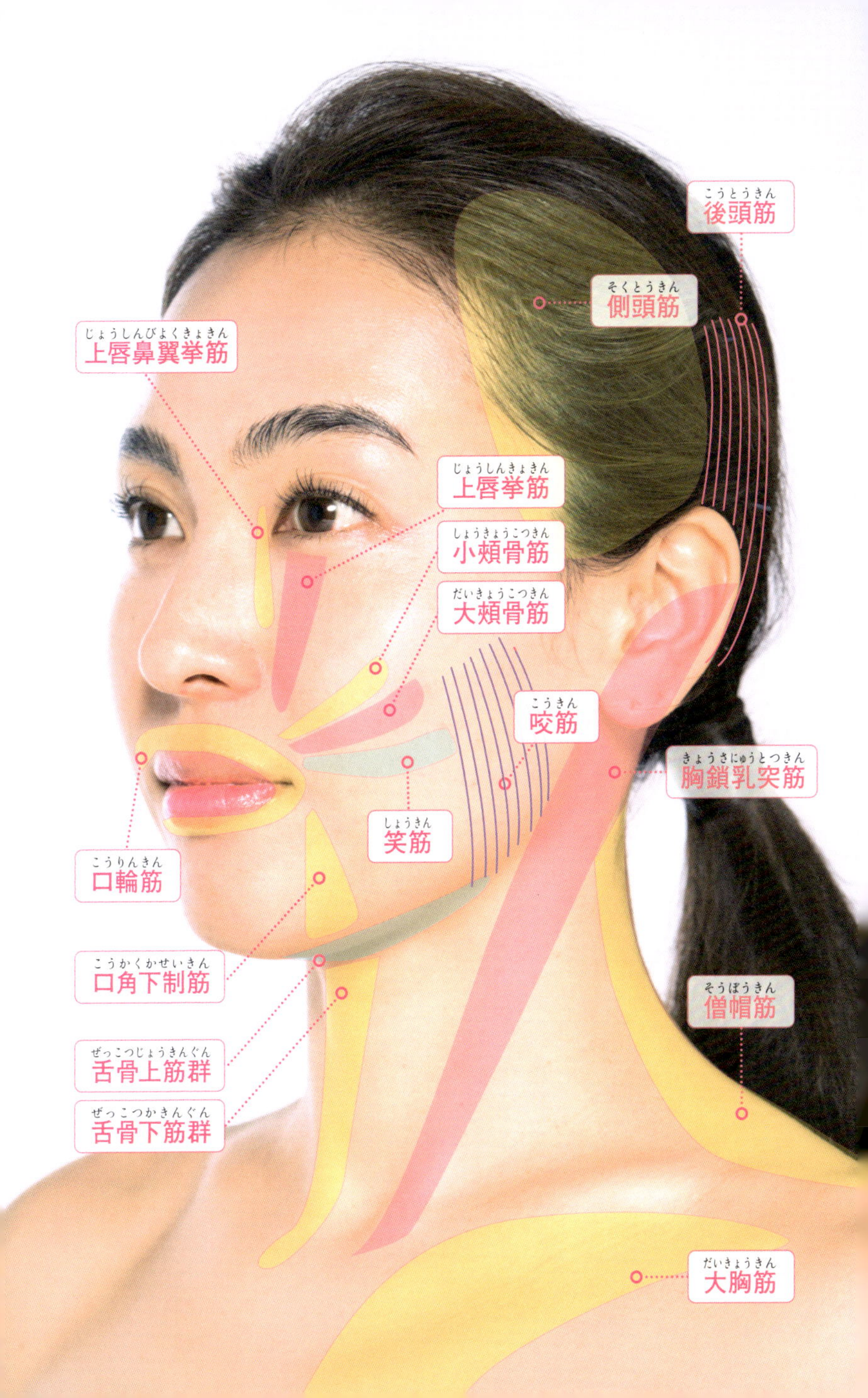

後頭筋《こうとうきん》
側頭筋《そくとうきん》
上唇鼻翼挙筋《じょうしんびよくきょきん》
上唇挙筋《じょうしんきょきん》
小頬骨筋《しょうきょうこつきん》
大頬骨筋《だいきょうこつきん》
咬筋《こうきん》
胸鎖乳突筋《きょうさにゅうとつきん》
笑筋《しょうきん》
口輪筋《こうりんきん》
口角下制筋《こうかくかせいきん》
僧帽筋《そうぼうきん》
舌骨上筋群《ぜっこつじょうきんぐん》
舌骨下筋群《ぜっこつかきんぐん》
大胸筋《だいきょうきん》

マッサージとエクササイズの組み合わせ
顔の下半分美顔術のポイント

慣れるまでは
鏡を見ながら行う

顔の下半分美顔術には、動かしたい筋肉と動かしたくない筋肉があります。とくに美顔術３～5のチークアップと6のチュートレがそうです。頭ではわかっているのに、動かしたい筋肉を動かそうとすると動かしたくない筋肉までつられて動いてしまいがち。でも、その動きは鏡でしっかりチェックしていないと気づけません。慣れるまでは鏡を見て顔の筋肉の動きを確認しながら行ってください。

美顔術１から順番どおりに
行うのが理想ですが、
気分がのらなかったり
忙しかったりする日は
好きなもの１つだけでもＯＫ

顔の下半分美顔術はマッサージから始まり、老廃物流しまで９つあります。全部を行うと10分弱の時間を要します。順番どおりに最後まで行うのが理想ですが、それができない日はどれか１つだけやるのでもＯＫです。今日は全部やらない、ではなく、どれか１つでも毎日続けることのほうが大切です。

習慣にする

毎日続けるためには、歯を磨いたあと、髪を乾かしたあとなど、毎日やることのなかに組み込むのがおすすめです。美顔術をやらないとなんか気持ち悪い、くらいになったら、もうそれは習慣化まっしぐらですね。

慣れてきたら湯船に つかりながらがおすすめ

筋肉は温まるとほぐれやすくなり、動かしやすくなります。動かしたい筋肉だけをきちんと動かせるようになったら、湯船につかりながら行うのをおすすめします。時間を有効に使えるだけでなく、お風呂の温かさで筋肉がほぐれやすくなっているので効果も高まります。

隙間時間やマスク使用中なら 電車の中でも

口の中に指を入れるマッサージや舌出しエクササイズはさすがに人前ではやらないほうがいいですが、ほかならどこでやってもいいと思います。マスク使用中なら、美顔術6のチュートレもできますよ。

動画をCHECK!

顔筋の始点終点の集まる位置を
上下に揺らしてほぐす

モダイオラスマッサージ

顔の下半分の筋肉が交わる、鉄道のターミナル駅のような場所「モダイオラス」をマッサージすると、そこに結びついている筋肉のすべてが一気にほぐれ、顔の筋肉が動かしやすくなります。触ってみてコリコリしていたら、筋肉がかたくなっている証拠。気持ちいいくらいの力加減でほぐすのがコツ。

ココに効く！
ほうれい線

左右
各30秒

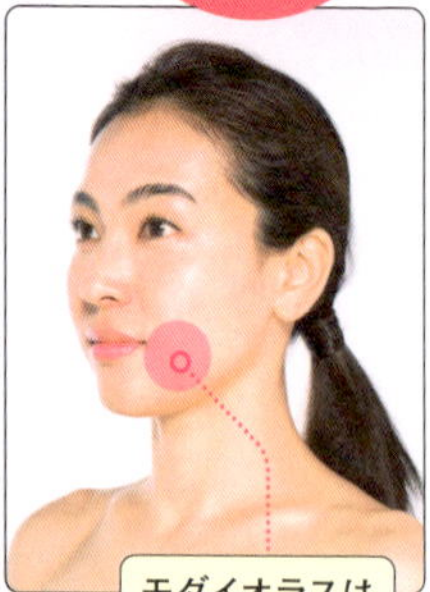

モダイオラスは
ココ！

口角の横でほうれい線の延長線上、えくぼのできる位置。

右手の親指を口の中に入れ、**人差し指**を皮膚の上から左側のモダイオラスにあて、**筋肉をつかむようにはさんだら、上下に揺らして30秒間**ほぐす。 反対側も同様に。

動画をCHECK!

頬骨の下の噛むときに使う
筋肉をもみほぐす

咬《こう》筋《きん》マッサージ

上あごと下あごを結ぶ、ものを噛むときに使う筋肉が咬筋。頬骨の下で筋肉の一番ぶ厚いところを探してほぐしましょう。この付近にはいくつもの筋肉が積層しているため、マッサージをすることで血流がよくなって老廃物が排出され、顔のむくみ解消に役立ちます。

ココに効く！

顔の
むくみ

左右
各30秒

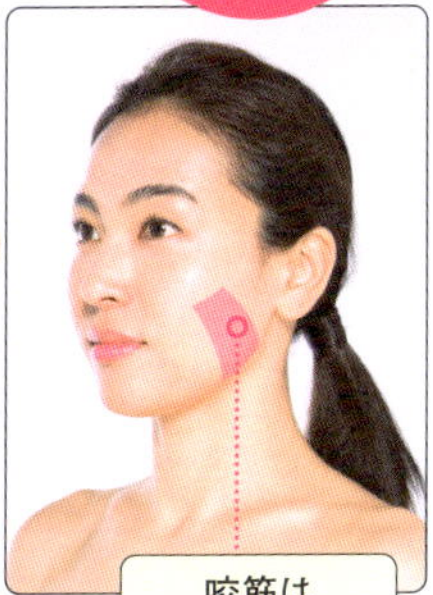

咬筋は
ココ！

頬骨から下あごの骨へ縦に通っている筋肉。

口の中に入れた右手の親指を**頬骨があたる位置**まで移動させ、皮膚の上から人差し指を添えて頬をはさみ、**上下に揺らして30秒間**ほぐす。 反対側も同様に。

動画をCHECK!

頬の筋肉を外側、真ん中、内側に
分けて持ち上げる

チークアップ
エクササイズ［外側］

ココに効く！
頬の引き上げ

1

人差し指の指先を目尻の下にあてる。

頬が高い位置にあると、表情が若々しく見えます。そのためには、目の下から唇までの間にある筋肉を動かすことが重要。頬の筋肉をまんべんなく鍛えるために、外側、真ん中、内側の3カ所で行います。口の力を抜いたまま、頬の筋肉だけで指を持ち上げるのが頬の筋肉を鍛えるコツです。

Point

- 首に力が入らないように。
- 額が持ち上がらないように。

2

超ゆっくり
10回

あてた**指を持ち上げるように**頬を斜め上にゆっくりと引き上げる。上の前歯８本が見えるくらいまで**上唇と口角も引き上げる**。ゆっくりと１の状態に戻す。

動画をCHECK!

チークアップ エクササイズ［真ん中］

ココに効く！

頬の引き上げ

1

人差し指の指先を目頭の下にあてる。

Point

- 首に力が入らないように。
- 額が持ち上がらないように。

2

超ゆっくり
10回

黒目に向かって**頬を真上にゆっくりと引き上げる。上唇もしっかり上げ、上の前歯の下のラインが下唇に軽く触れる**状態で「い〜」と声を出す。ゆっくりと1の状態に戻す。

動画をCHECK!

チークアップ
エクササイズ［内側］

ココに効く！
頬の
引き上げ

1

人差し指の指先を鼻にそってあてる。

Point

- 首に力が入らないように。
- 額が持ち上がらないように。

2

超ゆっくり
10回

唇を前に突き出して「う〜」と声を出しながら、**鼻にそった頬の内側の筋肉をゆっくりと引き上げる。**1の状態に戻す。

動画をCHECK!

上唇だけを前に突き出して
超ゆっくり動かす

チュートレ

※動画では、頬の下側の筋肉を動かさないで上唇だけを持ち上げやすいよう、両手を小鼻の下にあて、頬の下側の筋肉が動かないように押さえながら行うバージョンを紹介しています。

Point

- 上唇だけを持ち上げる。
- あごと鼻の横に力を入れないように。

ココに効く！
ふっくらした唇に

超ゆっくり
10回

上唇だけを前に突き出し、細かく超ゆっくり動かして元の状態に戻す。これを繰り返す。

唇の筋肉を使わないでいると、上唇の山がなくなり、唇が薄くなって、鼻の下がのびたように見えます。これが老け顔の大きな要因のひとつ。見た目年齢は鼻の下で決まるのです。口輪筋の上側だけを動かし、魅力的な唇をつくりましょう。最初はできなくても、続けていけば必ずできるようになります。

これはNG!

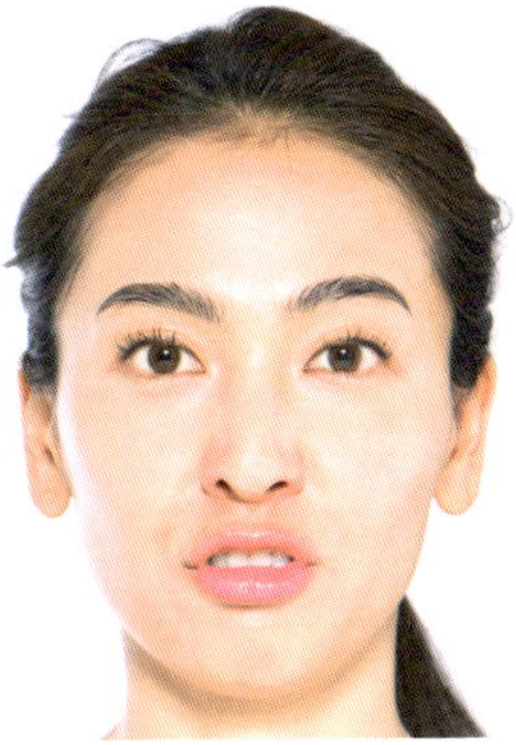

下唇も前に
突き出している！

額（まゆげ）と口元に
力を入れすぎ！

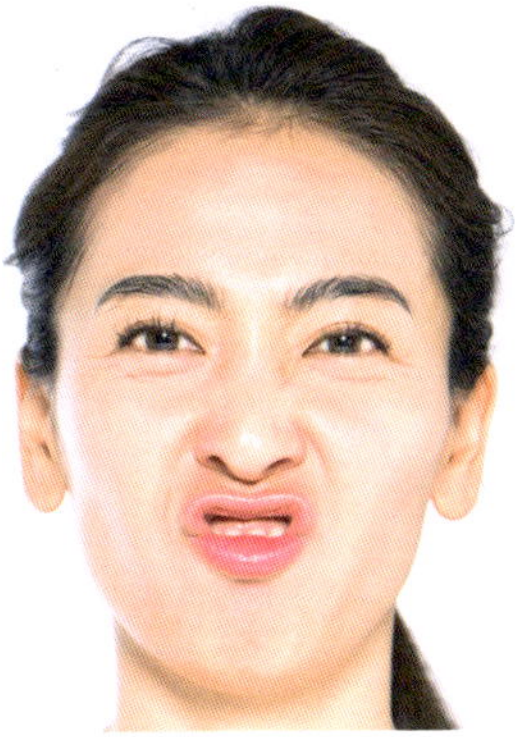

あごと鼻の横に
力を入れすぎ！

動画をCHECK!

両手を合わせて
舌をゆっくりと突き出す

舌出し エクササイズ

ココに効く！
フェイスライン

1

背すじをのばし、両ひじを横に張って**胸の前で両手を合わせる。**

フェイスラインを含むあごのたるみを引き上げるエクササイズです。舌を思いきり前に突き出す動きですが、意識するのは舌ではなくあごと首！　あごと首に力を入れながら、舌を斜め前に突き出すように行います。耳の後ろから首すじを通って鎖骨につながる胸鎖乳突筋とあごの下の筋肉などを効果的に鍛えます。

Point

- あごの下と首の筋肉を意識して舌を出す。
- 胸鎖乳突筋が動いているのを意識する。

2

超ゆっくり
10回

首をよくのばし、**首の左右に縦にすじが出るくらい舌を思いきり斜め前にゆっくりと突き出して、引っ込める**。これを繰り返す。

動画をCHECK!

頭の筋肉を
指の腹でもみほぐす

側頭筋と頭頂部のマッサージ

ココに効く！
顔のリフトアップに

1

頭の側面についている大きな筋肉の側頭筋は、食いしばりをよくする人だと、緊張してかたくなっている。**指の腹で筋肉に圧をかけ、ゆっくりと 15 秒ほどもみほぐす。**

顔の筋肉は頭とつながっています。頭の側面にある大きな筋肉の側頭筋や頭頂部を覆う帽状腱膜という筋膜がこると、顔の筋肉を支えられなくなってたるみが起きたり、顔の筋肉がかたまって動かしにくくなったりするということが、連鎖的に起こります。マッサージでほぐして、筋肉のこわばりをとります。

Point

- 指の先端ではなく、指の腹を使うこと。
- 頭蓋骨にこびりついている筋肉をはがすイメージで。

2

合計
30秒

指を広げて頭頂部におき、後頭部に向かって15秒ほどもみほぐす。

動画をCHECK!

頬→フェイスライン→首→鎖骨の順に
リンパの流れをよくする

老廃物流し

1

ココに効く！
顔のむくみ解消
ココに効く！
フェイスライン

両手の指先を頬にあて、**頬骨にそって耳元まですべらせる**ように動かす。

2

両手の親指を立て（Goodのポーズ）、親指の腹と人差し指の側面で**フェイスラインの骨をはさみ、耳元からあごに向かってすべらせる**ように動かす。

顔まわりのリンパマッサージは、リンパの流れにそうようにして頬から左右の耳元→フェイスライン→首→鎖骨へ流すのが基本です。全身から回収した老廃物の出口となる鎖骨リンパ節まで、不要なものをすべて流すイメージで行いましょう。強く押さずに気持ちよいと感じる強さで。

3

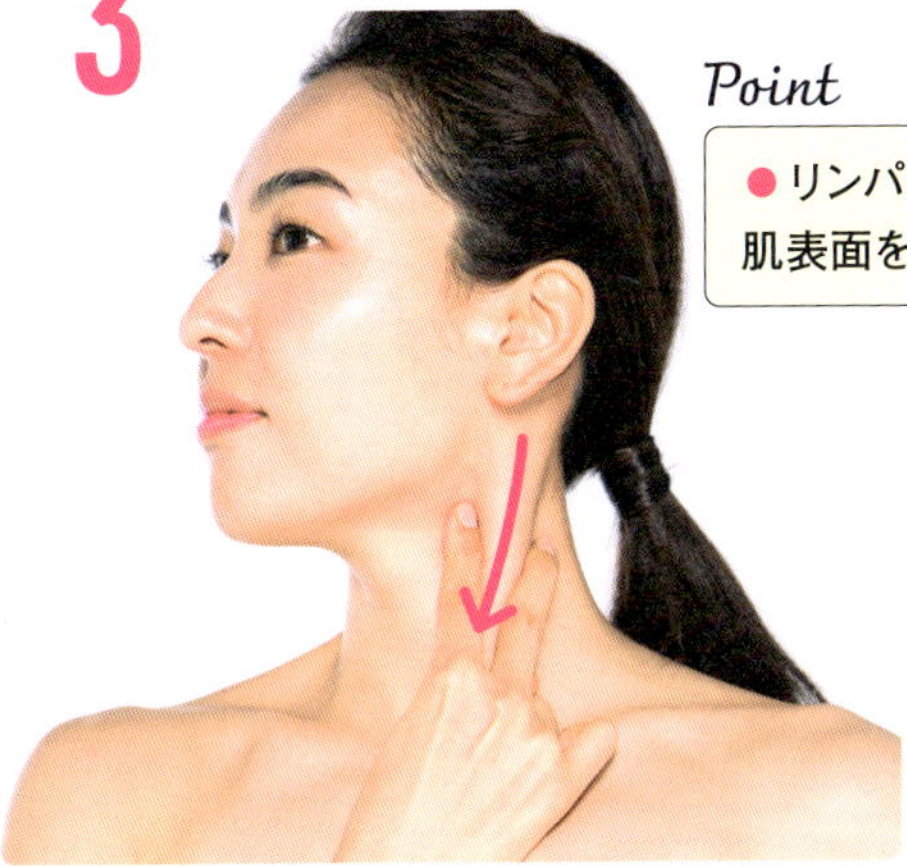

Point

● リンパは強く押しすぎない。肌表面をなでるようなイメージで。

顔を右に向け、首の左側に浮き出た太い筋肉の**胸鎖乳突筋に右手の人差し指と中指をあて、上から下にすべらせる**ように動かす。

4

右手の人差し指と中指を**左鎖骨の外側寄りのくぼみにあて、内側に向かってすべらせる**ように動かす。

1～4を
4回
左右各2回

実録

顔の下半分美顔術 Before ➡ After

Nさん(45歳)　美顔術歴4年

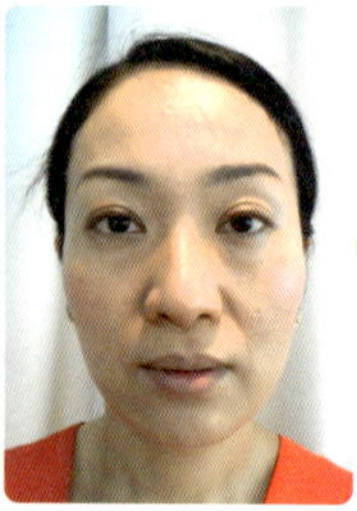
Before

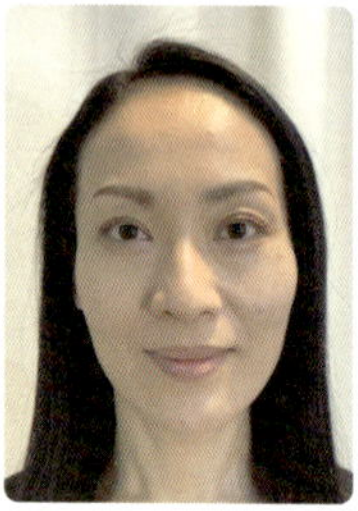
After

顔全体がキュッと引き締まった印象に

顔の下半分美顔術とあわせて首から下のトレーニングもやっているNさん。フェイスラインが引き締まり、顔の重心が上がりました。鼻の下も短くなっています。

Mさん(44歳)　美顔術歴7年半

Before

After

リッププロポーションの数値が小さくなった

フェイスラインがキレイになり、顔の筋肉のバランスもよくなっています。鼻の下から上唇までの距離が短くなって、7年半前より若々しい印象です。

chapter 3

鍛える前に全身の筋力アップにつながる腕立て伏せとスクワット

動画をCHECK!

体力づくりの基本&
トレーニング1 ～ 11を
通して見ることができます。

腕立て伏せとスクワットが
全身の筋力アップにつながる

chapter3と4は、プロレスラーでボディメイクトレーナーのジェイク・リーが担当します。

首から下の筋トレをする前に、まずは基礎体力をつけることが必要と考えました。基礎体力とは、筋力や持久力、柔軟性などのカラダを動かすために必要な全般的な体力のこと。ふだんからジョギングやランニングをしていて基礎体力はあるから腕立て伏せとスクワットはやらなくても大丈夫、と思っている人でもぜひ挑戦してみてください。意外とできないかもしれません。持久力はついていても、そこまで筋力がついていない可能性がありますから。

腕立て伏せとスクワットは、自重トレーニング＝自分のウエイト（体重）を負荷にして行うトレーニングのなかで、全身の筋力をつけるのにもっとも適していそいます。どちらもカラダのなかで大きな筋肉を使うだけでなく、周囲のさまざまな筋肉も使うため、効率よく筋力アップができるからです。

腕立て伏せといえば、腕の筋肉を鍛えるトレーニングと思われがちですが、じつは大胸筋や腹筋、背筋などに筋力をつけ、体幹の安定性と機能を充実させるもの。肩や背中まわりも刺激し、カラダをまっすぐにするための筋力がつきます。

筋肉のおよそ3分の2は下半身に集まっていますが、その下半身をまとめて鍛錬するのがスクワットです。その場でしゃがんで立ち上がるという極めてシンプルな動きながら、股関節、膝関節、足関節(足首)という下半身の3大関節を動かして、大きな筋肉のあるお尻や太ももを強化します。

どちらのトレーニング中も呼吸を止めないことが大切です。

動画をCHECK!

体力づくりの基本

やさしいバージョン

ひざをつけた腕立て伏せのやり方

まずは無理をしないで、
ひざを床につけた腕立て伏せからやってみましょう。

1 両ひざを曲げて床につけてつま先も床につけ、両手は肩幅くらいに広げて指先を外側に向けたハの字にして床について、上体を持ち上げる。

お尻をキュッと締める
まっすぐのばす
下腹部をへこませる
イメージで
両ひざを閉じる

2
背中をまっすぐに保ったまま、ゆっくりと両ひじを曲げ、できるだけカラダを床に近づけて1秒静止する。このとき、息は止めないこと!

3
ゆっくりと両ひじをのばし、元の体勢に戻る。

体力づくりの基本

マスターしよう!

腕立て伏せの正しいやり方

腰が反らないように、お腹をしっかりかためて、
お尻をキュッと締めることが重要です。

1 四つんばいから両手を肩幅くらいに広げて指先を外側に向けたハの字にして床につく。両足をのばしてつま先を床につけ、上体を持ち上げる。

お尻をキュッと締める
まっすぐのばす
下腹部をへこませるイメージで

2 全身をまっすぐに保ったまま、ゆっくりと両ひじを曲げる。

鼻からゆっくり息を吸う

3 両ひじをさらに曲げ、できるだけカラダを床に近づけ、1秒静止する。このときも息は止めないこと！

4 ゆっくりと両ひじをのばし、元の体勢に戻る。

10回

Point

カラダをまっすぐにして行う。背中が丸まっていたり、腰が反るような姿勢では、運動効果が得られない。

動画をCHECK!

体力づくりの基本

マスターしよう!

スクワットの正しいやり方

足の先を外側に向けるのではなく、まっすぐにすることで、
太ももの内側と外側の両方が鍛えられます。

目線は前方に向ける
下腹部を
へこませる
イメージで
お尻をキュッと
締める
足先はまっすぐに

1

足を肩幅または肩幅よりやや広めに開いて立つ。両手は前ならえのようにまっすぐのばす。

これは NG!

背中が丸まり、
ひざがつま先より
前に出ている。

2

そのままかかとに体重をかけながら、ひざの角度が 90 度になるまで腰を落とす。ゆっくりと元の体勢に戻る。

＊この体勢がつらい場合は、腰を落とすのを中腰程度で止めてもよい。

目線は前方に向けたまま
口からゆっくりと息を
吐きながら、
元の体勢に戻る
お尻は
突き出すように
ひざがつま先よりも
前に出ないように
10回
90度になるまで
ひざを曲げる

トレーニングをしながら美顔術も行えば一石二鳥

下の写真は、スクワット（86ページ）をしながら、顔の下半分美顔術の舌出しエクササイズ（72ページ）を行っています。ひざを曲げるタイミングで舌を出し、立ち上がるときに舌を引っ込めます。下腹部と首の2カ所に意識を分散させて集中します。このようにトレーニングと美顔術は、一緒にできるものが多いです。一石二鳥で時間短縮にもなるので、慣れてきたら、組み合わせてやってみましょう。

スクワットと
舌出しを一緒に
10回

chapter 4

若く見えるための首から下のトレーニング

動画をCHECK!

体力づくりの基本&
トレーニング1 ～ 11を
通して見ることができます。

トレーニング 1

若見えのもとをつくる基本のポーズ

仰向けで腰を床に押しつける

ココに効く！
お腹の引き締め

ココに効く！
美姿勢

まずは、お腹をへこませるように下腹部に力を入れる感覚をつかみましょう。この感覚をしっかり身につけ、日常生活でいつでもできるようになることが目標です。

このエクササイズで体幹の筋肉が均等に鍛えられ、バランスのとれた体幹が形成されます。腹筋が強くなり、日常生活や運動で安定した姿勢が保たれ、腰痛予防や姿勢改善に効果的です。体幹を鍛えることは、全身の筋肉のベースをつくるために非常に重要。体幹の筋肉は、姿勢の維持やバランスの調整、力の伝達などに関与しており、強い体幹を持つことでほかの部位の筋肉トレーニングの効果も高まります。ねこ背や前かがみの姿勢は、首やあごに余計な脂肪やたるみをもたらすことがありますが、腹筋を鍛えて姿勢を正すことにより首とあごのラインが引き締まり、フェイスラインがシャープになります。

動画をCHECK!

1

仰向けに寝て両ひざを立て、両手は胸元に置く。**このとき反り腰の人は写真のように、床と腰の間に隙間ができてしまう。**

2

床と腰の間の隙間をつぶすように、**下腹部に力を入れて30秒キープ**。10秒ほど休み、再度下腹部に力を入れて30秒キープする。

30秒 ×2回

Point

床と腰の隙間がつぶれているかどうかがよくわからない人は、腰の位置にタオルを敷いて仰向けになる。2の状態でタオルを引っ張っても抜けないようなら、床と腰の隙間がつぶれている証拠。

トレーニング 2

首を上げ下げする

ハリのある首すじをつくる

ココに効く！

美しい首すじ

キレイな人は首すじが圧倒的に美しいことをご存じですか？

いつ見てもたたずまいが凛としている人、その秘訣は首すじの美しさにあります。首の筋肉がしっかりしていると、背すじがのび、肩が引き下がって姿勢がよくなり、全体の印象を引き締めます。また、自然によい姿勢を保ちやすくもなります。さらに、首やあごの筋肉が強化されると、フェイスラインが引き締まり、シャープで整った印象を与えます。とくに、二重あごの防止や改善に役立つため、顔全体がスッキリと見えます。

顔の筋肉にもっとも近い首を鍛えることは、老け見えの要因である「たるみ」に最強のアプローチができるエクササイズなのです。

動画をCHECK!

1

仰向けに寝て両ひざを立て、両腕はカラダの横にのばして手のひらを床につける。**下腹部に力を入れる**(91ページ参照)。

2

下腹部に力を入れたまま、あごを引いて頭を持ち上げ、へそを見る。ゆっくりと元の体勢に戻る。これを1セットとして10回行う。

3

横になって寝て、ひざは90度に曲げる。床についた腕はまっすぐのばし、もう片方の腕はひじを90度に曲げて手のひらを床につける。

4

床につけた手のひらでバランスをとりながら、頭を持ち上げ、ゆっくりと元の体勢に戻る。これを1セットとして10回行う。反対向きも同様。

仰向け、
左右
各10回

トレーニング 3

下腹部が強化され、美と健康の土台となる

仰向けで足を上げ下げする

ココに効く！
お腹の引き締め

ココに効く！
美しい首すじ

下腹部の筋肉は、カラダの芯となる筋肉。下腹部を鍛えるトレーニングをして、引き締まった健康的なカラダを目指しましょう。

足の上げ下げに意識がいってしまいがちですが、下腹部に力を入れることが重要です。下腹部に力を入れないと腰が反ってしまい、腰へ負担がかかって痛める原因にも。下腹部に力を入れ、腰をしっかり床に押しつけるようにしましょう。足をのばして行うと腰が反りやすくなるという人は、慣れるまで軽くひざを曲げてやってもＯＫです。

下腹部の筋力はボディラインにとっても、体調にとっても大事なもの。下腹部の筋肉を鍛えれば、ぽっこりお腹の解消にもつながります。

動画をCHECK!

10回

1

仰向けに寝て、足をのばして垂直に上げる。両腕はカラダの横にのばし、手のひらを床につける。**下腹部に力を入れて腰を床に押しつける。**

2

足を下ろして床につく直前で止める。足を上げて元の体勢に戻る。これを1セットとして10回行う。

余裕のある人は

顔を起こし、へそを見ながら1、2を行うと、首のエクササイズにもなる。

トレーニング 4

お腹まわりと背中の筋肉を大きく動かす

体育座りで上半身をねじる

ココに効く！ お腹の引き締め

ココに効く！ 美しい背中

腹筋を中心とした体幹の強化に大変効果的なエクササイズで、とくに腹斜筋（カラダの側面の筋肉）と腹直筋（腹筋の中央の筋肉）をターゲットにしています。お腹まわりを絞って、くびれを手に入れたい人におすすめです。

腹斜筋と腹直筋を同時に鍛えることで、体幹全体の安定性が向上します。体幹が安定すると、姿勢がよくなり、スポーツや日常生活の動作がスムーズになります。体幹全体を強化することで、自然によい姿勢を保ちやすくなります。よい姿勢は、背中や腰への負担を軽減し、全体的な健康と見た目の向上につながります。日常的に取り入れることで、腹斜筋と腹直筋の強化、体幹の安定性向上、バランスと柔軟性の向上、姿勢の改善など、多くの効果が期待できます。

動画をCHECK!

1

体育座りをして上半身を少し後ろに倒し、ひざを閉じて足を床から離して上げる。
背中をのばし、**両手は胸元で球を描くような形**にする。

2

手元を見ながら上半身を左、右と交互にねじる。これを1セットとして10回行う。

左右セットで10回

できない人は

足を床につけて1、2を行う。

背中の筋肉を強化する①

うつ伏せで上半身を起こしながら肩甲骨を引き寄せる

ココに効く！
美姿勢

ココに効く！
美しい背中

肩甲骨を引き寄せるエクササイズは、背中の筋肉を強化し、姿勢を改善するのに非常に効果的。背中の筋肉が強化されると、自然によい姿勢を保ちやすくなります。とくに広背筋、僧帽筋、菱形筋《りょうけいきん》が強化され、肩こりや背中の痛みの予防につながります。

また、全体的なバランスがよくなり、カラダの安定性が向上します。

背中の大きな筋肉群を鍛えることで、全身の血行がよくなります。顔や首への血流が増加して肌の新陳代謝が促進されることで、肌のハリが戻り、たるみの軽減も期待できます。

動画をCHECK!

1 うつ伏せに寝て両腕をのばして床から少し浮かせる。**下腹部に力を入れて恥骨を床に押しつけ、お尻をキュッと締める。**

2 **両腕を上半身に引き寄せながら、上半身を起こす。**元の体勢に戻る。これを1セットとして10回行う。

背中の筋肉を強化する②

うつ伏せで腕をまわす

ココに効く！
美しい背中

ココに効く！
美姿勢

肩甲骨は、体幹を安定させる役割のある背骨と肋骨（あばら骨）に隣接しています。本来、肩甲骨とこの2つの骨は、別々に動かすことができるものです。肩甲骨まわりがやわらかくよく動く人は、四つんばいになると肩甲骨が盛り上がり、肩に羽が生えたような状態になります。この状態を「立甲《りっこう》」と呼びます。しかし、ストレスや緊張が強いと背骨まわりの筋肉がかたくなり、肩甲骨と背骨・肋骨がくっついてしまって、立甲ができない状態に。カラダを動かそうとすると余計な力が加わり、体幹を不安定にさせてしまいます。

立甲ができて肩甲骨が背骨・肋骨と別々に動かせるようになると、体幹が安定し、美しい姿勢をキープできるようになります。

動画をCHECK!

1

うつ伏せに寝て、両ひじは曲げて床から浮かせ上半身に引き寄せる。**下腹部に力を入れて恥骨を床に押しつけ、お尻をキュッと締める。**

2

両腕を浮かせたまま思いきり上にのばす。

3

両腕を浮かせたまま、平泳ぎのように半円を描きながら上半身を起こす。1の体勢に戻す、これを1セットとして10回行う。

10回

トレーニング 7

胸の可動域を広げて姿勢改善に

胸と背中をのばすストレッチ

ココに効く！
美しい背中

ココに効く！
美しい胸元

ココに効く！
美姿勢

胸の筋肉をのばすストレッチです。ほとんどの人が前傾姿勢で過ごすことが多いため、ふだんの生活で巻き肩になり、とくにガチガチになっているのが胸（胸椎）まわりです。

胸の筋肉が柔軟になると、肩や背中の筋肉がバランスよく使われるようになります。可動域が広がることで、日常生活やスポーツにおいてスムーズで効率的な動作が可能に。そうなると、カラダ全体の筋肉のバランスが整い、効率的で調和のとれた動作ができるようになります。

胸元と背中をのばすことで、胸がしっかり張れるようになり、女性はバストアップして見えるようにもなります。加えて、呼吸や内臓の働きにもよい影響をもたらします。

動画をCHECK!

1 椅子の背に**両腕をのばして手を置き、ひざを床につける。**

2 **下腹部に力を入れながら、腕と腕の間に頭をゆっくりとしずめて20秒キープ。**背中と胸元がのびていることを意識する。

これはNG!

下腹部に力が入っていないと、反り腰になってしまい、腰を痛めることになるので注意！

トレーニング 8

肩甲骨と背骨の可動性を上げて姿勢改善に

四つんばいで肩甲骨を動かすストレッチ

ココに効く！ 美しい背中

ココに効く！ 美しい胸元

「天使の羽」といわれる、肩甲骨のラインが出ているのは美しい背中の象徴ともいえます。肩甲骨は本来、背中の上部、胸の真後ろに位置しており、可動域が広く自由に動かせる状態が理想です。肩甲骨の動きが悪いと、背中が丸まり、バストを支える大胸筋が衰えてたれやすくなります。

肩甲骨と鎖骨はつながっていて動きが連動するので、肩甲骨を本来の位置に戻すことは、デコルテラインを美しく見せる効果もあります。また、肩甲骨の動きがよくなることで、胸を開いた正しい姿勢を維持しやすくなります。天使の羽を手に入れると同時にハリのあるバストを取り戻しましょう。

肩甲骨がほぐれることによって血流が改善し、肩こり、首の疲れなどにも効果的です。

動画をCHECK!

1

四つんばいになって両手を肩幅くらいに広げ、手は内側に向けた八の字にして床につける。**お腹にしっかりと力を入れる。**

2

10回

肩甲骨を意識しながら上半身を前後に**ゆっくりと動かす。**

トレーニング 9

肩甲骨を動かして血行を促進

腕を後ろに引いて胸を開くストレッチ

ココに効く！ 美しい背中

ココに効く！ 美しい胸元

ココに効く！ 美姿勢

ねこ背の姿勢が続くと、首や肩の筋肉に不均衡が生じます。ねこ背の姿勢は下あごが前に出る傾向があり、これが長期間続くとあごまわりの筋肉が弱くなり、たるみにつながることに。

肩甲骨を動かして胸を開くストレッチは、姿勢を改善し、肩や背中の緊張をほぐすだけでなく、血行を促進させます。肩が内向きになるとねこ背になり、肩甲骨の位置が崩れる、という悪循環に。この一連の流れを止めるのが、「胸を開く」ストレッチです。首こり・肩こりの人は、解消するために首や肩をぐるぐるまわすことはあっても、「胸や腕を開く」という動きをすることは少なく、見落としているのではないでしょうか。椅子に座りながらでもできるので、生活のなかで気づいたときに行うようにしましょう。

動画をCHECK!

1

床にあぐらを組んで**座ってひじを90度に曲げ、背すじをのばす。両手は軽く握る。**

ここに力を入れて
KEEP!

2

ひじを後ろに引いて肩甲骨を内側に寄せるイメージで胸を開く。腰が反らないようにお腹に力を入れて軽くあごを引き、肩を上げないように気をつける。

3

ひじを引いた状態から、両腕をゆっくり広げて３秒キープ。より強く肩甲骨が引き寄せられているのを意識する。ゆっくりと1の体勢に戻す。これを1セットとして10回行う。

10回

トレーニング 10

首と肩の筋肉をのばして血流アップ

首を斜め後ろに倒すストレッチ

ココに効く！ 美姿勢

ココに効く！ ハリのある首すじ

ココに効く！ シャープなフェイスライン

デスクワークなどで長時間同じ姿勢でいることや、スマホの見すぎなどによって、首と肩の筋肉は緊張し硬直します。この状態が続くと、筋肉の血流が悪くなり肩も首もガチガチに。肩こりの症状を悪化させます。

このストレッチは、首や肩まわりの血行がよくなり、ネックラインの若返りにも効果的です。椅子に座りながらでもできるので、気づいたら行うようにしましょう。

さらに、首の柔軟性も高まり、自然な姿勢に戻す助けにもなります。日常的によい姿勢を保つことが重要なので、デスクワークのときには椅子や机の高さを調整し、背すじをのばして座ることを意識しましょう。

動画をCHECK!

肩を上げない
肩甲骨に意識を
集中させる

1

床にあぐらを組んで座り、右の腕を曲げて手の甲を腰につけ、背すじをのばす。肩甲骨を下におろして寄せるよう意識して、肩が上がらないように注意する。

目線は
斜め上へ

2

斜め上を見ながら頭を左に気持ちいいと感じるくらいまで傾け、首の横をのばす。元の体勢に戻し、反対側も同様に。左右30秒ずつ行う。

左右
各**30**秒

トレーニング 11

首と背中の筋肉をのばしてリラックス

頭の後ろで手を組んで頭を前に倒すストレッチ

ココに効く！ 美姿勢

ココに効く！ ハリのある首すじ

ココに効く！ シャープなフェイスライン

背中上部の筋肉の緊張がほぐれることで、首や肩、背中の痛みが軽減されます。とくにデスクワークやスマホの使用などで長時間同じ姿勢をとることが多い人には効果的です。背中上部の筋肉がリラックスすると、自然と姿勢がよくなります。

一日のうち何度かこのストレッチを取り入れることで、首や背中の緊張を継続的に緩和できるのでおすすめです。背中上部の筋肉がリラックスすると、胸郭の動きがスムーズになり、呼吸が深くなります。ストレッチ中は深呼吸を意識しましょう。酸素の摂取量が増え、集中力や持続力が向上します。

注意点は無理をしないこと。筋肉をのばすときに無理に力を加えすぎないように。痛みを感じたらすぐに中止します。

動画をCHECK!

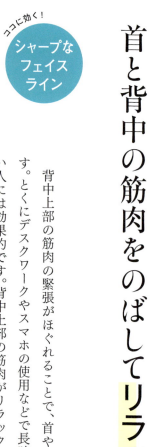

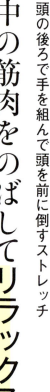

1

背中はピンとのばす
ここに力を入れて
KEEP!

床にあぐらを組んで座って**両手を頭の後ろで組み、背すじをのばす。**

2

首の後ろが気持ちよくのびるように
30秒

背すじをのばしたまま両手で軽く押しながら、頭をまっすぐ前に倒して30秒キープ。このとき、首の後ろがのびているのを感じるように。

column

レポート

是枝伸子の
青空トレーニング

私がトレーニングをする場所は近所の公園です。ランニングをしているので、走り終わってからトレーニングをするまでがルーティンです。カラダが温まっているので筋肉が動きやすくなっていますし、家に帰ってしまうとトレーニングするのが億劫になってしまいますから。その日の気分やスケジュールによって、朝仕事に行く前か、仕事が終わってからにしています。

懸垂に関しては、ジェイクさんに腹筋と背筋をバランスよく鍛えるのに最適と聞いたので取り入れています。この本でも懸垂を紹介しようと思いましたが、鉄棒のある家は滅多にないでしょうし、一般女性が懸垂をやるのは非常に難しいため、紹介することはやめました。

青空の下でやるトレーニングはとても気持ちがいいのでおすすめです。ただ、真夏は熱中症にならないよう、時間帯を見極めて水分補給をしっかりしながら行ってください。

1-2. 当初は腕立て伏せは1回もできなかったが、いまでは10回できるようになった。

3. 斜め懸垂は20回やるようにしている。 **4.** 懸垂は3回できるようになった！ 初めてあごが鉄棒の上にいったときは、子どものころに補助輪を外して自転車に乗れたときのような喜びがあった。

chapter 5

是枝式 最新顔診断

あなたは芸能人でいえば誰タイプ？　是枝式顔診断は顔の下半分に特化した6種類

「美人顔の黄金比率」というのをご存知ですか？　世界的に美人を割り出すときに使われる考え方で、顔全体のバランスは、髪の生え際から眉頭の下、眉頭の下から鼻の下、鼻の下からあごの先の長さの比率が1対1対1。さらに、顔の横幅が目の横幅の約5倍。これが世界基準の美人さんの顔の特徴なのだそうです。

ただ、私は歯科医として何千人もの患者さんを間近に見てきましたが、黄金比率と完全に一致する人には出会っていません。でも、目を見張るほど美人と思った人はたくさんいます。そこで日本女性には世界的な美人の黄金比率と異なるものがあるのではないかと思って考えたのがフェイシャルプロポーション（FP）とリッププロポーション（LP）という美人の新基準（詳細は36ページ）。

そこから、日本人の顔を特徴別に6種類に分けられることを発見したのです。

1 正統派タイプ

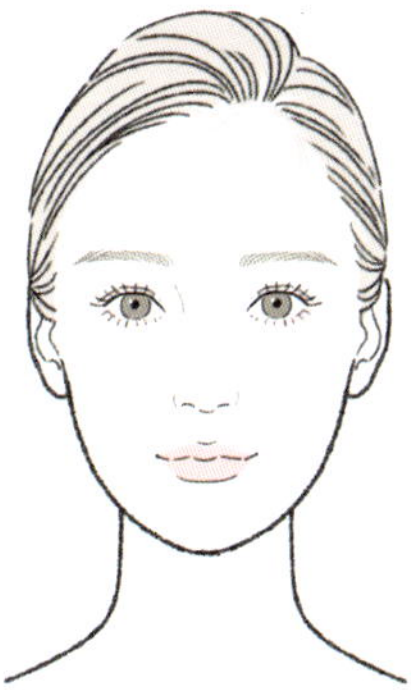

2 華奢タイプ

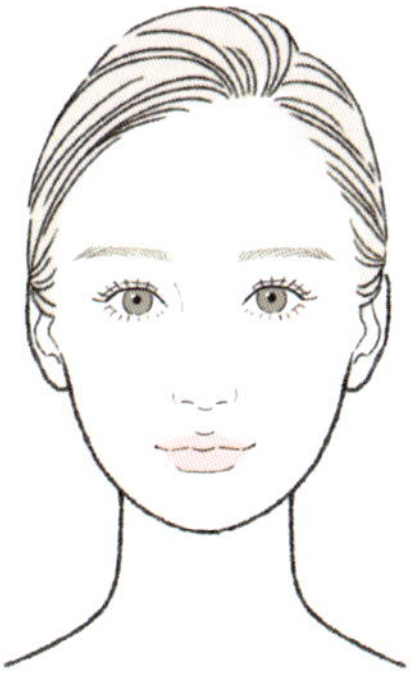

3 さわやかタイプ

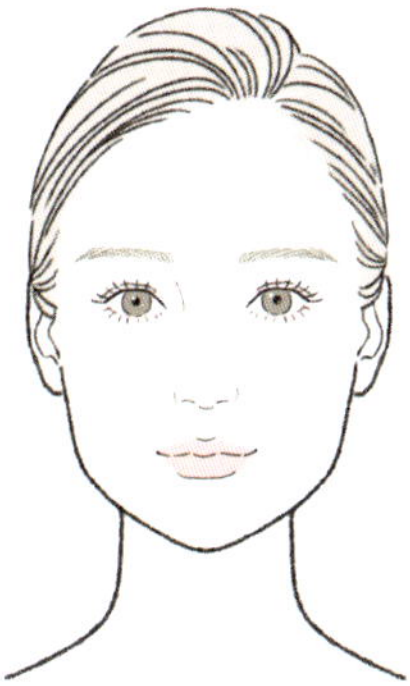

4 キュートタイプ

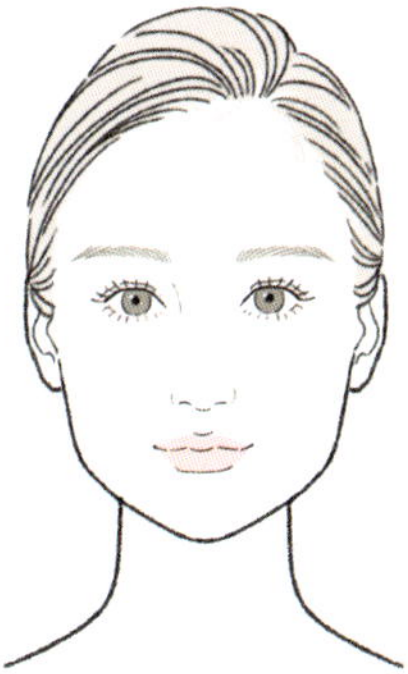

5 キレカワタイプ

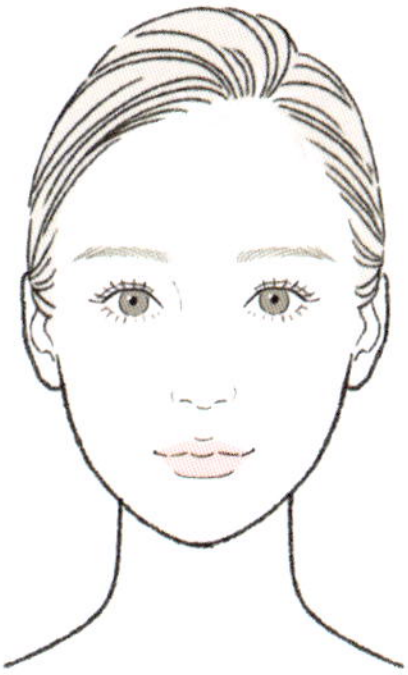

6 ドールタイプ

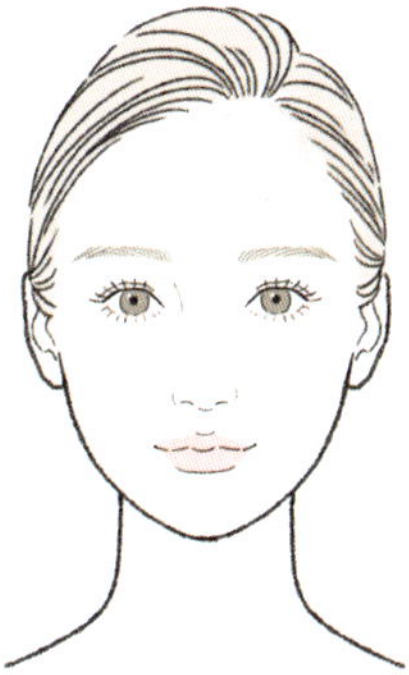

顔診断の方法

Step 1 顔の写真を撮る

スマホの自撮り機能を使ったり、誰かに頼んだりして、正面からの自分の顔の撮影をします。あごを引き、力を抜いて無表情で撮ります。笑顔はNGです。

Step 2 FPを測る

FP（フェイシャルプロポーション）とは、顔の上半分と下半分の比率のこと。Step1で撮った写真を見て、**鼻の下からあごの先までの長さ(b) ÷ 眉頭の下から鼻の下までの長さ(a)**で算出します。小数点第3位以下は四捨五入してください。

結果を書き込みましょう!

b　　　cm ÷ a　　　cm = FP

Step 3 あごの形をチェックする

自分のあごがどんな形かチェックしましょう。

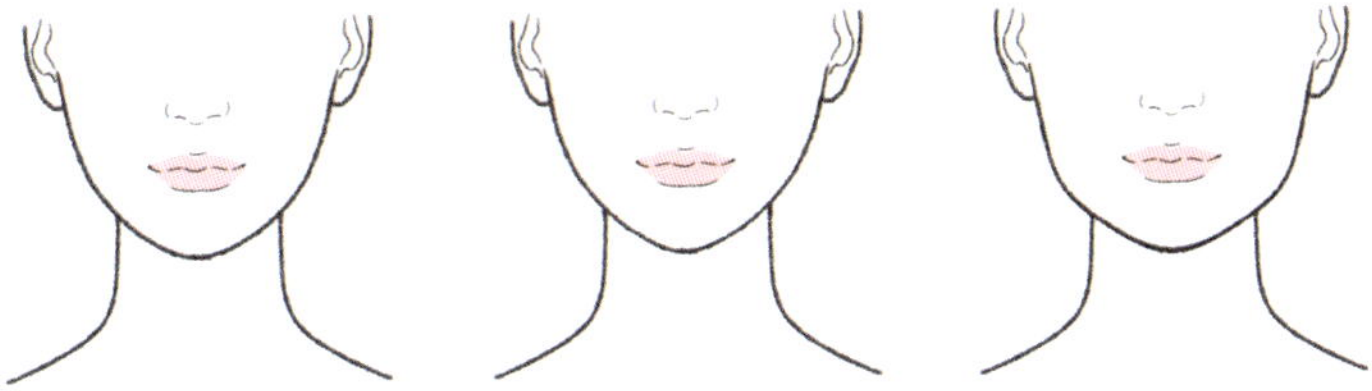

丸型	三角型	四角型
あごのラインが丸い人。	あごが細くてとがっている人。	耳の下のあごのラインが角張っている人。

Step 4 タイプを判定する

FPとあごの形で、自分の顔を客観的に判断しましょう。

FP

0.95未満 ▶ **A**（顔の下半分が短め）

0.95以上 ▶ **B**（顔の下半分が普通〜長め）

＋

あごの形

丸型
三角型
四角型

⇨ あなたの顔のタイプ

FP		あごの形				
B	＋	丸型	⇨	1	**正統派**タイプ	>> 118 ページ
A	＋	丸型	⇨	2	**華奢**タイプ	>> 119 ページ
B	＋	四角型	⇨	3	**さわやか**タイプ	>> 120 ページ
A	＋	四角型	⇨	4	**キュート**タイプ	>> 121 ページ
B	＋	三角型	⇨	5	**キレカワ**タイプ	>> 122 ページ
A	＋	三角型	⇨	6	**ドール**タイプ	>> 123 ページ

1

正統派タイプ

FP

B

あごの形

丸型

診断結果

世界的基準である美人顔の黄金比率にもっとも近い正統派の美女。上品な顔立ちが多いのがこのタイプです。ただ、顔の下半分の筋肉が衰えると、口角が下がりやすくなることも。チークアップエクササイズ(64～69ページ)とチュートレ(70～71ページ)をしっかりやりましょう。

このタイプの芸能人

- 鈴木京香さん
- 仲間由紀恵さん
- 天海祐希さん
- 石田ゆり子さん

2

華奢タイプ

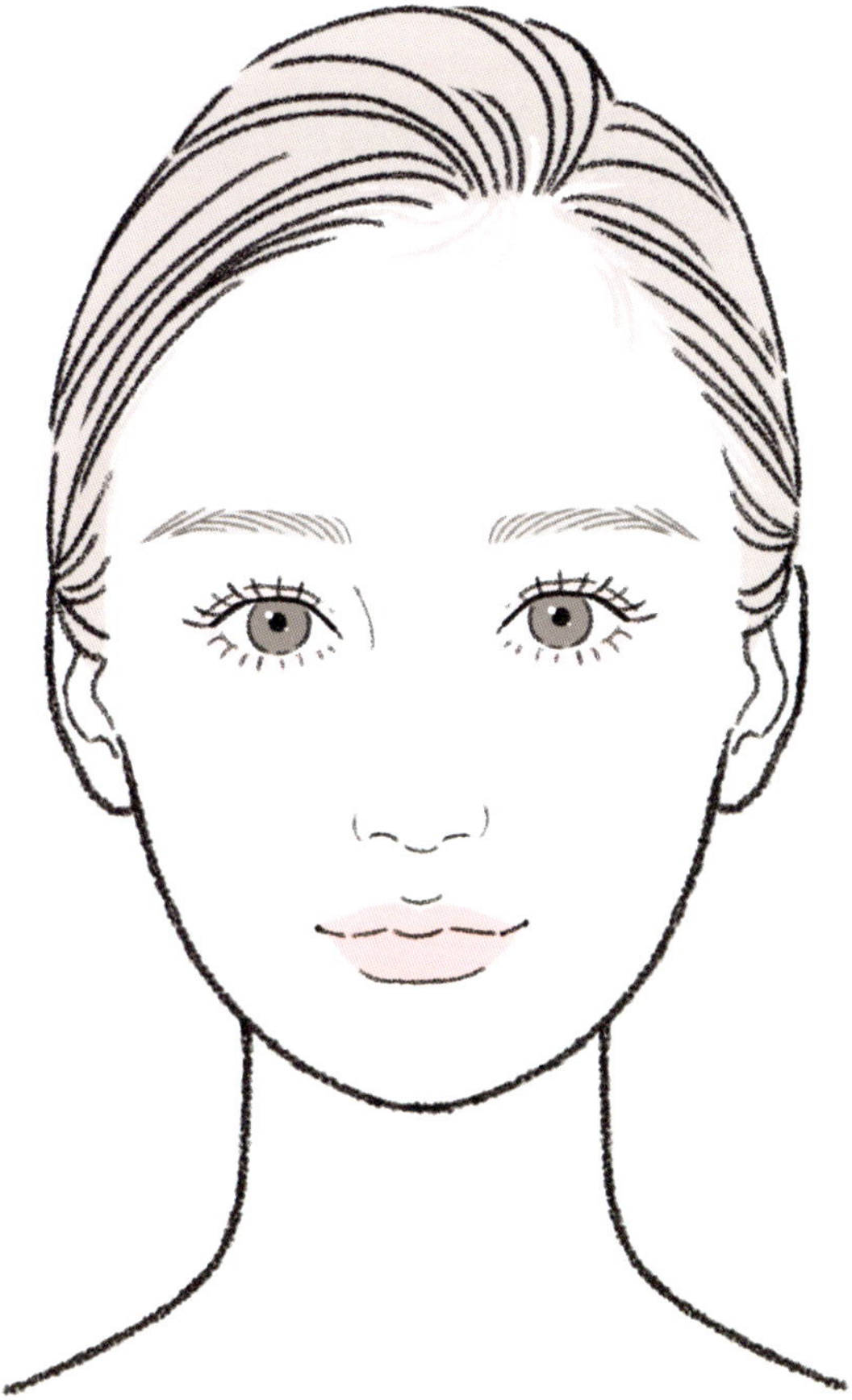

FP

A

あごの形

丸型

診断結果

はかなげな雰囲気があったり、凛とした顔立ちに多かったりするのがこのタイプ。あごが小さくて短いと、頬の筋肉が比較的少なくて弱くなりがちで、加齢とともにたるみが出やすくなってしまいます。チークアップエクササイズ(64 ～ 69ページ) をしっかりやりましょう。

このタイプの芸能人

- 北川景子さん
- 檀れいさん
- 長谷川潤さん
- 沢尻エリカさん

3

さわやかタイプ

FP
B

あごの形
四角型

診断結果

いきいきとした健康美人タイプ。このタイプの人は老けて見えにくいので、いつまでも若々しい印象です。ただ、エラ張りが気になる人は、咬筋マッサージ(63ページ) を多めにやりましょう。加齢とともに頬がこけて目立ってくる人も少なくありません。

このタイプの芸能人

- 長谷川理恵さん
- 菅野美穂さん
- 中山美穂さん
- RIKACO さん

4

キュートタイプ

FP
A

あごの形
四角型

診断結果

いつまでも年齢よりも若く見える人が多いです。ただ、加齢とともに頬のこけが目立ってきたり、口角が下がりやすくなります。モダイオラスと咬筋マッサージ（62 ～ 63ページ）とチュートレ（70 ～ 71ページ）を重点的に。

このタイプの芸能人

- 上戸彩さん
- 宮﨑あおいさん
- 永作博美さん

5

キレカワタイプ

FP
B

あごの形
三角型

診断結果

フェイスラインが美しく、キレイさとかわいらしさを兼ね備えたタイプ。あごが小さく筋肉が少ないので、加齢とともにほうれい線が出やすく、口角が下がりやすくなります。フェイスラインを引き上げるために、チークアップエクササイズの外側(64～65ページ)を重点的にやりましょう。

このタイプの芸能人

- 米倉涼子さん
- 長澤まさみさん
- 吉瀬美智子さん
- 藤原紀香さん

6

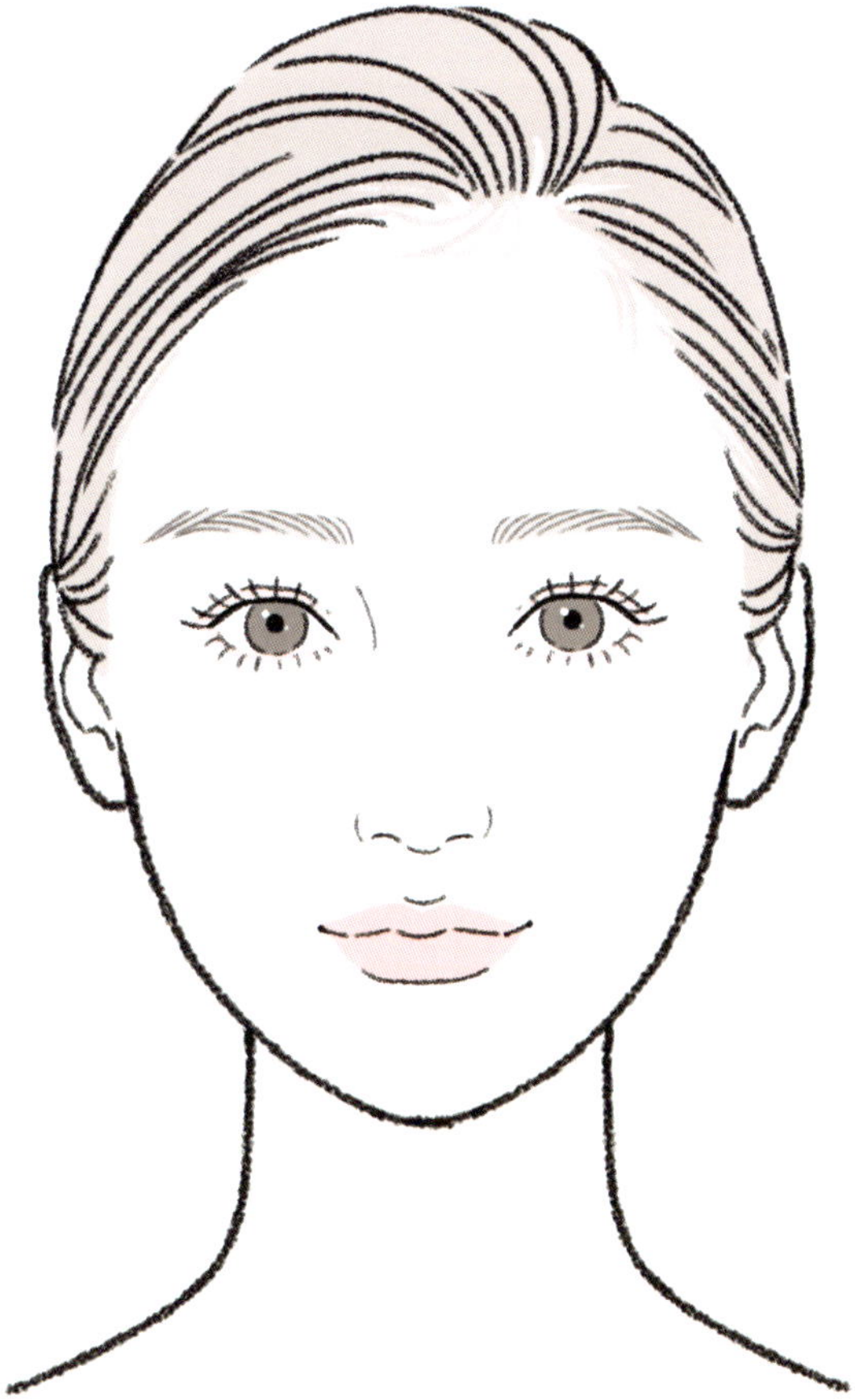

ドールタイプ

FP
A

あごの形
三角型

診断結果

人形のようにかわいらしいタイプ。あごが小さく、頬の筋肉が細く弱いため、むくみがちになることも。頬がたるんでほうれい線が出たり、口元がゆるむ傾向に。チークアップエクササイズ(64 ～ 69ページ)とチュートレ(70 ～ 71ページ)をしっかりやりましょう。

このタイプの芸能人

- 安達祐実さん
- 佐々木希さん
- 石原さとみさん
- 広末涼子さん

あなたの彼は芸能人でいえば誰タイプ？

是枝式イケメン顔診断

女性だけでなく、男性も顔の下半分のバランスとあごの形で5タイプに分類をすることができます。男性は女性よりも骨格がしっかりしていて、あごが発達している人が多く、芸能人のなかでイケメンといわれている人たちのフェイシャルプロポーション（FP）値は、女性の0・85〜1に比べると0・95〜1・15と顔の下半分が大きい傾向にありました。鼻の下の長さのバランスのリッププロポーション（LP）は2・8〜3が半数近く占めますが、女性ほど鼻の下の長さが強調されることはなく、2・6〜2・8でもイケメン認定されます。

左ページに挙げたイケメンさんたちは、骨格にあわせて歯の並び・形・色など細部にわたって計算され尽くしています。笑ったときの清潔感あふれる口元は、女性のメイクに匹敵する効果を得られると思います。

男性のイケ顔分類

FP 1.05未満＝A
1.05以上＝B

タイプ	あごの形	フェイシャルプロポーション（FP）	このタイプの芸能人
純情イケ顔	丸型	B	●竹内涼真 ●松坂桃李 ●小栗旬 ●鈴木亮平
小悪魔イケ顔	丸型	A	●岩田剛典 ●鈴木伸之 ●三浦翔平 ●横浜流星
スポーツマンイケ顔	四角型	B	●妻夫木聡 ●窪田正孝 ●反町隆史 ●渡辺謙
薔薇イケ顔	四角型	A	●向井理 ●松本潤 ●松田翔太 ●岡田准一
小動物イケ顔	三角型	A	●佐藤健 ●田中圭 ●生田斗真 ●ディーン・フジオカ

Project Deeとは

医学、歯学、格闘技の多角的な視点から
効果的なボディメイク法を研究し、講習会やイベントなどで
啓蒙活動を行うプロフェッショナルのチーム。

北村大也

両国きたむら整形外科院長

東京医科歯科大学医学部卒業。日本整形外科学会専門医。運動機能学的な側面からアプローチができるスポーツ整形やリハビリテーションの現場を経験し、両国きたむら整形外科を開業。開業後はリハビリ(トレーニング)に加え、最新のマインドフルネスなどの心理療法も取り入れ、スポーツ整形外科や慢性疼痛の診療を得意とする。自身もパルクールやトレイルランなどのスポーツ、マインドフルネス瞑想を実践し、心身を鍛えることを怠らない。『顔下半分で美人に魅せる!』(永岡書店)、『すごい「デンタル美顔」プログラム』(PHP出版)のボディ部門で監修を担当。

是枝伸子

歯科医、デンタル美顔®プロデューサー

日本大学卒業。歯科医として勤務するかたわら、若く美しく見える顔について研究し、「デンタル美顔®」を確立。健康な歯の維持、口腔内マッサージ法と顔のエクササイズなどを提案。歯科医院にて副院長として診療に従事しつつ、東京にあるデンタル美顔サロンには、俳優やモデルもお忍びで通っている。全国の歯科医院で、デンタル美顔施術を受けられる世の中がくるよう、講演会、講習会による啓蒙活動を行っている。著書に、『美人に見られたければ顔の「下半分」を鍛えなさい!』(講談社)、『「顔下半分」顔筋ピラティス』(朝日出版社)、『顔下半分で美人に魅せる!』(永岡書店)、『すごい「デンタル美顔」プログラム』(PHP出版)がある。

ジェイク・リー

プロレスラー、ボディメイクトレーナー

平成国際大学卒業。ウエイトリフティング全日本選手権5位、東アジア選手権出場の実力を買われ、全日本プロレスからスカウトされる。第64・66代三冠ヘビー級王者、第76代世界タッグ王者、第42代GHCヘビー級王者、プロレス大賞殊勲賞受賞。ボディメイクトレーナーとしての顔も持ち、俳優やアーティストなどのボディメイクも担当。親切で丁寧、的確な指導に定評がある。『顔下半分で美人に魅せる!』(永岡書店)、『すごい「デンタル美顔」プログラム』(PHP出版)のボディ部門で監修を担当。

おわりに

顔の下半分の重要性をご紹介させていただいてから、10年以上の月日が経ちました。研究に没頭し、顔の下半分について知れば知るほど人生が楽しくなりました。数年が経ち、突然コロナ禍に突入。どうしたらよいのか途方に暮れ、見た目は二の次となりました。やっと収束に向かい、幾分か余裕が出てきたとき、私たちは鏡の前の自分に愕然としたと思います。私もそのうちのひとりでした。そこで気づいたのは、顔のトレーニングだけをしていても老化の波には抗えないということ。

そんな絶望のなか、私の周りには、大変クレバーに自分を磨く努力をするプロフェッショナルな仲間たちがいました。彼らに教えを請い、生まれたのが今回の書籍です。錆びれかけていた自分の精神、外見をもう一度見直す大きな転機となりました。私なりの大きな感動がみなさんに伝わったならば、このうえない喜びです。

最後になりますが、デンタル美顔を支えてくださるすべての人にこの場を借りて、感謝を申し上げます。

STAFF

スチール・動画撮影　横山順子
モデル　SOGYON
ヘアメイク　小澤桜
デザイン　bitter design
イラスト　amasawa mai
動画制作　石丸桃麻
編集・構成　土田由佳
企画・編集　森香織（朝日新聞出版 生活・文化編集部）

若《わか》く見《み》られたければ、
顔《かお》の下《した》半分《はんぶん》と首《くび》から下《した》を鍛《きた》えなさい！

2024年9月30日　第1刷発行
著者　是枝伸子
医学監修　北村大也
トレーニング監修　ジェイク・リー

発行者　片桐圭子
発行所　朝日新聞出版
〒104-8011　東京都中央区築地5−3−2
(お問い合わせ)　infojitsuyo@asahi.com
印刷所　大日本印刷株式会社

ISBN 978-4-02-334163-0